Colonel D'EU

In-Salah

ET

Le Tidikelt

JOURNAL DES OPÉRATIONS

SUIVI D'UNE

INSTRUCTION SUR LA CONDUITE DES COLONNES

dans les Régions sahariennes

PARIS

LIBRAIRIE MILITAIRE R. CHAPELOT ET Cᵉ

IMPRIMEURS-ÉDITEURS

30, Rue et Passage Dauphine, 30

—

1903

IN-SALAH

ET

LE TIDIKELT

PARIS. — IMPRIMERIE R. CHAPELOT ET C⁰, 2, RUE CHRISTINE.

Colonel D'EU

In-Salah

ET

Le Tidikelt

JOURNAL DES OPÉRATIONS

SUIVI D'UNE

INSTRUCTION SUR LA CONDUITE DES COLONNES

dans les Régions sahariennes

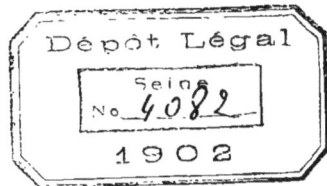

Dépôt Légal

Seine

No 4082

1902

PARIS

LIBRAIRIE MILITAIRE R. CHAPELOT et Cᵉ

IMPRIMEURS-ÉDITEURS

30, Rue et Passage Dauphine, 30

—

1903

IN-SALAH

ET

LE TIDIKELT

Jusqu'en ces derniers temps, In-Salah et tout le Tidikelt étaient pour nous pays inconnus, presque mystérieux, qui nous fascinaient et nous attiraient. On en parlait depuis plusieurs années, et des colonnes expéditionnaires avaient été projetées à plusieurs reprises, mais sans résultat ; elles ne partaient jamais. Le fruit n'était pas mûr, il fallait attendre. C'est ainsi que n'eût pas de suite le projet de construction d'une redoute à Foggaret-ez-Zoua, élaboré dès 1893, pour surveiller le pays et surtout In-Salah que l'on considérait, à tort, ou à raison, comme le refuge et le point d'appui de tous les coupeurs de routes du Sahara. C'était aussi, croyait-on, une ville importante, un centre riche de commerce, le réceptacle de tous les produits amenés par les caravanes. Le mirage et l'imagination aidant, c'était un pays ensoleillé, poétique et merveilleux.

Cependant, personne ne connaissait cette contrée. Palat et Douls y avaient été tués, le premier le 8 mars 1886, près d'In-Salah ; le second en février 1889, entre Akabli et L'Aoulef ; tous deux lâchement et par leurs guides. Il fallait les venger. Il fallait aussi assouvir notre curiosité, notre désir d'expansion, outre la nécessité de relier l'Algérie au Soudan, Alger à Tombouktou ; or, In-Salah se trouve juste au milieu du chemin. Une fois maîtres d'In-Salah, c'est le Sahara conquis ou à peu près et pousser de là jusqu'à Tombouktou est chose simple et facile. In-

Salah, en effet, est la clef du Sahara, le véritable point à occuper pour tenir en respect les Touareg-Ahaggar qui, ne récoltant rien chez eux, viennent s'y approvisionner de vivres de toute nature.

On n'avait aussi que de vagues renseignements sur le pays. Les travaux importants du commandant Deporter ne s'appuyaient que sur des récits de voyageurs indigènes, de pèlerins; ils n'étaient pas rédigés *de risu* et n'avaient pas la véracité du « vu. »

Seul, Gérard Rolf avait habité In-Salah en 1864 et parcouru le Touat et le Tidikelt en venant du Maroc par la vallée de l'Oued Zousfana. Sa relation de voyage est exacte et vraie, mais elle est trop sommaire. Il fallait autre chose de plus détaillé, de plus précis; il fallait aller dans le pays. Comment? On ne voulait pas en faire la conquête par les armes, mais amener pacifiquement les gens à nous. Déjà en 1890 une mission avait été organisée par M. Foureau, en vue de se rendre par le Tadmaït, pacifiquement, le plus près possible d'In-Salah.

En 1893, nouvelle incursion à travers le Tadmaït. Mais là s'arrêtaient nos reconnaissances, et le Tidikelt demeurait vierge et inconnu.

En 1899, une nouvelle mission scientifique fut organisée. Cette mission, dirigée par M. Flamant, professeur à la faculté d'Alger, partait à la fin de 1899 pour les oasis de l'extrême-sud vers In-Salah et au delà, dans le but d'étudier la nature du sol, le pays et les gens, et de nouer des relations amicales avec les habitants Elle était accompagnée d'un fort goum, très bien organisé depuis longtemps à Ouargla, sous les ordres du capitaine Pein. C'est ce même goum qui avait déjà, en partie, ravitaillé jusque dans le Sahara central la mission Foureau-Lamy.

Le naïb des Quadrya, Si-Mohamed-ben-Tayeb, personnage religieux important et bien connu depuis ses révélations sur l'assassinat du marquis de Morès, en Tripolitaine, faisait partie de ce goum. La mission, toute pacifique qu'elle était, se trouvait ainsi protégée par une force sérieuse, bien en main et disciplinée.

Elle prenait déjà, de ce fait, un air conquérant. Une forte partie de l'escadron des spahis sahariens, sous les ordres du capitaine Germain, devait en outre observer la marche de la mission, se mettre en relation avec elle, l'appuyer et la recueillir en cas de danger. On se mit en route.

Tout semblait aller à merveille et le pays demeurait calme en apparence. Quelques avertissements avaient bien été recueillis en cours de route ; les gens d'In-Salah faisaient savoir que les Français ne seraient pas reçus chez eux ; mais on n'y prit point garde et l'on continua à s'avancer dans le Tidikelt. Le 27 décembre, la mission installa son campement à environ 500 mètres à l'est du petit ksar de Foggaret-el-Hadj-Abdelkader, à proximité de la foggara elle même, non loin de l'oasis d'Igosten. Des émissaires furent aussitôt envoyés dans les ksours du voisinage, pour prendre langue et sonder les dispositions des gens du pays. Ils rentrèrent au camp vers 9 heures du soir, rendant compte au chef de la mission que les habitants d'In-Salah marchaient sur Igosten et qu'ils étaient fermement décidés à empêcher les Français de pénétrer plus avant dans les oasis du Tidikelt. La mission s'était déjà mise en communication vers 8 heures, au moyen de fusées blanches, avec le capitaine Germain auquel un rendez-vous devait être fixé pour le 28 décembre.

Il devait se trouver avec ses spahis dans les environs d'In-Salah.

Ce soir là, 27 décembre, les Sahariens étaient à environ 10 kilomètres à l'Est du groupe d'oasis de Foggaret-ez-Zoua, soit à 34 kilomètres environ de la mission. A 10 heures du soir, après la rentrée des émissaires, de nouvelles fusées rouges furent lancées pour informer les Sahariens du danger couru.

Le 28, vers 7 heures du matin, un groupe d'environ un millier d'indigènes sortit d'Igosten en armes et s'avança vers le camp. Ses intentions hostiles ne laissaient aucun doute dans l'esprit du personnel de la mission. Le capitaine Pein prit aussitôt des dispositions défensives. On parlementa quelque peu, mais des coups de feu ne tardèrent pas à se faire entendre et le combat inévitable s'engagea. Il fut court ; après quelques minutes de fusillade à moins de 100 mètres de distance, les assaillants se retirèrent laissant 56 morts sur le terrain, dont Bou-Amama ben Ba-Djouda et son fils, à peu près autant de blessés et 49 prisonniers.

A 2 heures de l'après-midi, les spahis du capitaine Germain

arrivèrent et l'ennemi fut poursuivi jusqu'à In-Salah ; la casbah des Ba-Djouda fut occupée par surprise et le goum du capitaine Pein s'installa dans le ksar.

Le 29 décembre, la mission Flamant tout entière alla occuper In-Salah et le drapeau tricolore fut aussitôt hissé sur le plus haut bastion de la casbah des Ba-Djouda. Le règne des Ba-Djouda

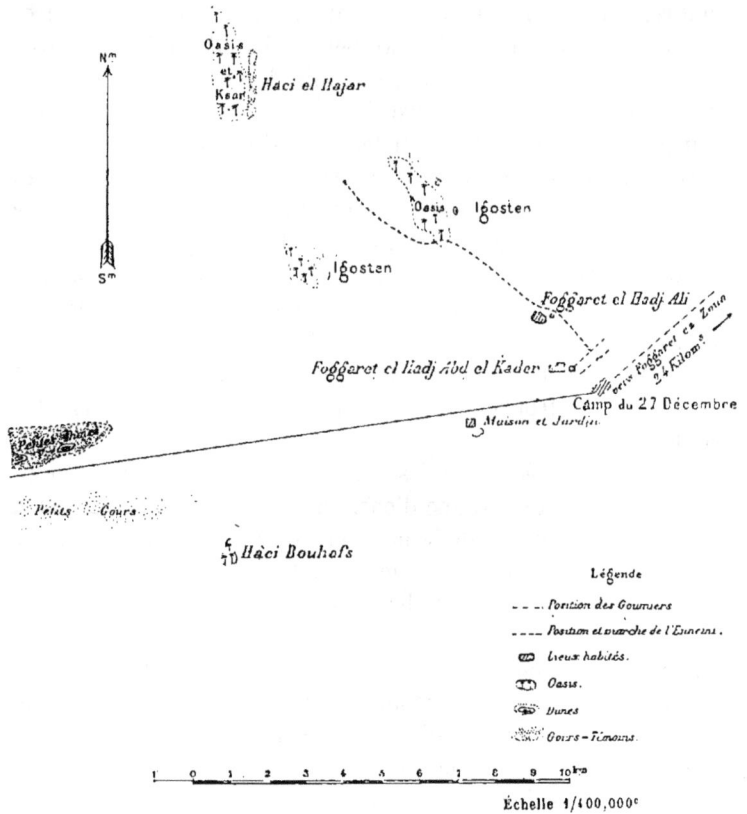

Combat d'Igosten.

était terminé. Cette famille, la plus influente et la plus puissante du Tidikelt, qui dominait surtout à In-Salah, fut anéantie dans ce combat sous Igosten. El Hadj El Madhi-Ba-Djouda y fut blessé, et El Bekhaï ben Ba-Djouda était prisonnier.

Le même jour, toutes les tribus dépendant du district d'In-Salah, c'est-à-dire les Ouled Ba-Hamou, les Ouled Moktar, les gens d'Igosten et autres groupes firent leur soumission.

Cependant, on était loin d'être tranquille. Bientôt, en effet, la mission, retranchée en un point du ksar plus facile à défendre que la casbah, apprenait qu'une forte colonne ennemie composée de gens d'In Rhar, de Tit, d'Akabli et de L'Aoulef, marchait contre elle. Le 4 janvier 1900, l'ennemi s'installait dans la petite oasis de M'Barka, à 4 kilomètres à l'ouest d'In-Salah

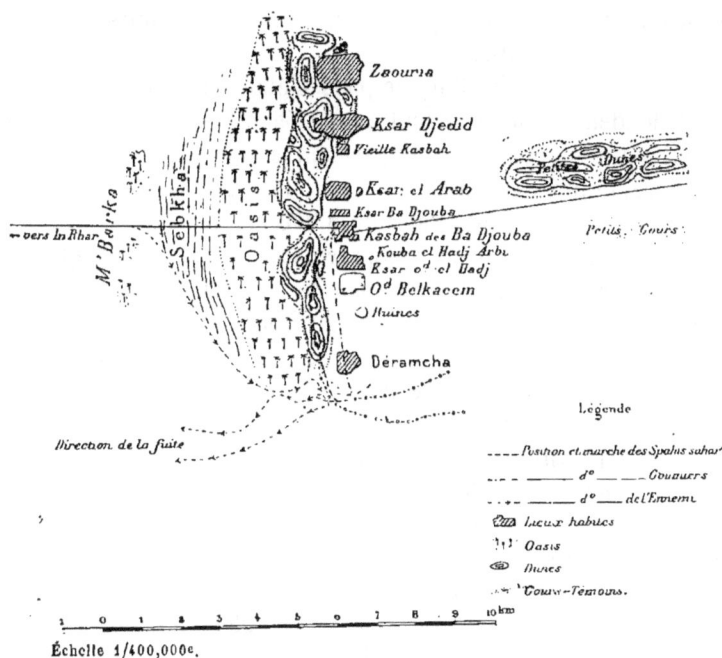

Combat de Déramcha.

(Ksar-Kébir) et envoyait aussitôt une lettre de menaces aux Français. Une collision était inévitable ; elle eut lieu le 5. L'ennemi cherchait, en contournant la ligne des dunes par le Sud, à gagner Déramcha, pour, de là, s'avancer à couvert contre la casbah des Ba-Djouda. Mais les spahis du capitaine Germain filèrent vers le Sud en suivant la crête des dunes et, au moment où la colonne ennemie arrivait à la pointe sud de l'oasis, ils ouvrirent le feu sur elle à 1200 mètres. La colonne s'arrêta un moment. Cependant le goum Pein, qui avait ordre d'appuyer le mouvement des spahis vers l'Est, entre dans Daramcha et s'abrite derrière les murs; la fusillade s'engage alors sur toute la ligne plus ou moins rapprochée. Le combat, commencé vers 8 heures du matin par 192 hommes contre 1300 environ, se prolonge avec des péripéties diverses; une lutte corps à corps faillit se produire. Cependant l'ennemi faiblit, son feu se ralentit, et vers 10 heures la résistance est vaincue. Les gens venus d'In Rhar prennent la fuite, laissant environ 150 morts sur le terrain, beaucoup de blessés et 7 prisonniers. Ils furent poursuivis pendant un certain temps.

Mais ce n'était point fini; le pays n'était nullement soumis et dès le lendemain on apprenait que les habitants d'In Rhar fortifiaient leurs villages et se préparaient à une défense acharnée. En outre, le bruit courait que le pacha de Timmi (Touat) venait à leur secours avec une armée de 3,000 hommes.

De notre côté, on portait aussi secours à la mission, et le 18 janvier les premiers renforts, sous les ordres du commandant supérieur d'El Goléa, arrivaient à In-Salah.

De longs pourparlers furent engagés de part et d'autre, mais sans résultat. Une tentative pour s'emparer d'In Rhar par surprise, comme le fait s'était produit à In-Salah, eut lieu le 24 janvier 1900. Le village des Ouled Hadega (Ksar-Lekal) fut occupé, mais les casbahs résistèrent et la colonne française dût se retirer sur In-Salah, où elle rentrait le 27 avec 5 blessés dont un officier indigène des tirailleurs sahariens, le sous-lieutenant Rehamnia. Les choses restèrent en l'état.

Cependant des troupes étaient rassemblées à El Goléa ainsi que des vivres et du matériel de toute nature. Une colonne s'y organisait pour être dirigée sur le Tidikelt, avec du canon cette fois. Vers le 10 février tout était prêt et l'on n'attendait plus que l'ordre du départ définitif. Il arriva enfin, et le 24 février 1900 la colonne du Tidikelt, sous les ordres du lieutenant-colonel d'Eu, du 1er tirailleurs, se mettait en route, en trois échelons successifs, vers les oasis du Sud. Nous allons la suivre dans sa marche à travers les roches et les ravins du Tadmaït ainsi que dans les sables du Sahara.

JOURNAL

des marches et opérations de la colonne du Tidikelt.

ORGANISATION ET BUT DE LA COLONNE.

Après l'entrée des Français dans In-Salah à la suite des combats d'Igosten et de Deramcha, dont nous venons de parler, le Gouvernement décida que l'occupation serait définitive.

Le commandant supérieur d'El Goléa fut envoyé à In-Salah avec toutes les troupes sahariennes disponibles. En même temps l'autorité militaire supérieure donnait des ordres pour le renforcement des garnisons de l'Extrême-Sud.

Le Ministre de la guerre ayant approuvé les propositions de M. le Général commandant en chef (lettre n° 907ˢ du 11 janvier 1900), il fut décidé qu'un fort détachement serait organisé à El Goléa de manière à pouvoir être dirigé de suite sur le Tidikelt, si les circonstances venaient à l'exiger. Son but était de porter secours aux forces se trouvant déjà dans le pays, sous le commandement du chef de bataillon Baumgarten. On devait en même temps réunir à El Goléa les approvisionnements nécessaires. Dans le principe la colonne devait comprendre au total : 26 officiers, 753 hommes de troupe, 158 chevaux, mulets et méhara, avec un convoi de vivres pour 40 jours et 4 jours d'eau. Ces chiffres furent dépassés plus tard, après la jonction avec les sahariens du commandant Baumgarten.

Les mouvements de troupe commencèrent aussitôt et, dès le 11 janvier, la 9ᵉ compagnie de tirailleurs algériens, en garnison à Médéa, quittait cette place pour se rendre à El Goléa. La 4ᵉ compagnie du 2ᵉ bataillon d'Afrique quittait Laghouat le même jour avec l'escadron du 1ᵉʳ spahis et une section d'artillerie, pour la même destination. Les services auxiliaires étaient mis en route par les voies rapides. Toutes ces troupes devaient entrer dans la composition de la colonne qui, dès le 10 février, était en partie constituée à El Goléa.

Le lieutenant-colonel d'Eu, du 1ᵉʳ tirailleurs, était désigné pour prendre le commandement de la colonne.

Les chameaux et les vivres arrivaient peu après.

Il fut décidé, d'après les propositions du lieutenant-colonel approuvées par télégramme de la division en date du 13 février 1900, que, pour se rendre à In-Salah, la colonne serait divisée en trois groupes se succédant à un ou deux jours d'intervalle. Par ce moyen, les groupes seraient plus mobiles et ils pourraient plus facilement se ravitailler en eau. Le manque d'eau et de pâturages le long de la route du Tadmaït était, en effet, la grosse difficulté à vaincre.

Par télégramme n° 2651 du 14 février, le général commandant le corps d'armée faisait connaître que le Ministre donnait l'ordre ferme de mettre la colonne en marche.

En conséquence, le 21 février, le lieutenant-colonel faisait paraître l'ordre n° 1 réglant le départ de la colonne et la composition des différents groupes, ainsi que l'itinéraire à suivre.

En exécution de ces prescriptions, les ordres de détail ci-dessous furent donnés pour la marche du premier échelon ; les autres devaient s'y conformer dans la mesure du possible :

ORDRE POUR LE 1ᵉʳ GROUPE.

Départ, le 24 février. Réveil à 5 heures du matin. Boute-charge à 5 h. 20. Le chargement des chameaux du convoi administratif sera assuré par le sergent de l'administration, chef du détachement, sous la direction du lieutenant d'Auberjon, du 1ᵉʳ spahis, lequel sera spécialement chargé de la surveillance et de la discipline du convoi général pendant la marche sur In-Salah.

Départ à 6 heures, sans précipitation et en ordre, car il importe de bien déterminer le chargement et la place de chacun au départ du premier jour. La réunion aura lieu en avant de la porte principale du bordj, vers le Sud. On emportera deux jours d'eau jusqu'à Miribel.

ORDRE DE MARCHE.

Avant-garde. — Spahis.

Gros de la colonne en carré. — Génie formant la 1ʳᵉ face. Tirailleurs par le flanc, encadrant les chameaux et formant les 2ᵉ, 3ᵉ et 4ᵉ faces.

Arrière-garde. — Une escouade avec quelques cavaliers.

Quatre spahis seront mis à la disposition du lieutenant d'Auberjon. Deux guides fournis par le bureau arabe marcheront en tête.

Les chameaux et mulets, dans l'intérieur du rectangle, marcheront en quatre groupes principaux : 1° cacolets, génie et bagages des corps ; 2° convoi d'eau ; 3° vivres ; 4° orge ; le troupeau suivra.

La colonne campera à El Okséïba, **27** kilomètres. On se conformera pour l'installation, le service et la garde, en arrivant au bivouac, à l'instruction générale pour la marche des colonnes dans les régions sahariennes faites par le lieutenant-colonel d'Eu et dictée à tous les corps et détachements de ladite colonne, en date du 9 février 1900. (Voir à la fin.)

On campera toujours en carré, ou mieux en rectangle dans l'ordre suivant :

1re face: génie, administration, santé ; **2e** et 3e faces: tirailleurs ; 4e face: spahis algériens.

Chaque face se gardera par un petit-poste. La même formation sera prise chaque jour, pour la marche et l'installation du camp.

Composition de la colonne du Tidikelt (à son départ).

DÉSIGNATION DES CORPS ET SERVICES DIVERS.	OFFICIERS.	TROUPE.	CHEVAUX.	MULETS.	MÉHARA.	CHAMEAUX.	OBSERVATIONS.
ÉTAT-MAJOR.							
Commandant de la colonne,....	1	»	2	»	»	2	
Officier adjoint..............	1	»	1	»	»	1	
Sous-intendant militaire.......	1	1	2	»	»	1	
Officier des affaires indigènes,..	1	1	2	»	»	1	
Interprète militaire..........	1	»	1	»	»	1	
Secrétaire d'état-major........	»	1	»	»	»	»	
Bureau topographique........	2	2	4	»	»	6	
INFANTERIE.							
2 compagnies du 1er tirailleurs.	9	350	5	»	»	50	
1 compagnie du 2e bat. d'Afrique.	4	175	1	»	»	29	
CAVALERIE.							
1/2 escadron du 1er spahis algériens...................	3	50	53	»	»	9	
ARTILLERIE.							
Section de montagne de la 18e batterie.................	1	52	2	10	»	130	
GÉNIE......................	2	24	2	6	»	12	
SERVICE DE SANTÉ...........	3	20	3	12	»	28	
SERVICE DES SUBSISTANCES.....	1	16	1	6	»	28	
TRAIN DES ÉQUIPAGES........	»	9	»	»	»	»	
TOTAL...........	30	698	79	34	»	298	
Équipage d'eau (4 jours).......						262	
Convoi de vivres.............						1,049	
TOTAL GÉNÉRAL des chameaux..........						1,579	

État nominatif des officiers de la colonne.

CORPS ET SERVICES.	NOMS.	GRADES.	EMPLOIS.
	MM.		
	D'Eu (Clément)......	Lieuten.-colonel.	Commandant la colonne.
	Quiquandon (Jean)...	Chef de bataillon.	Commandant de l'infanterie.
	Reynes (Edouard)....	Capitaine.	Adjudant-major.
	Carlhian (Frédéric)..	Id.	Commandant la 9e compagnie.
1er tirailleurs algériens.	Thouveny (Louis)....	Id.	Commandant la 10e compagnie.
	Jouandon (Pierre)...	Lieutenant.	Officier de peloton, 9e compagnie.
	Olivier (Jean)......	Id.	Id. 9e compagnie.
	Courthiade (Bernard).	Id.	Id. 10e compagnie.
	Guillet (Maurice)...	Id.	Id. 10e compagnie.
	Moucer (Ammar)....	Id.	Id. 9e compagnie.
	Marchal (Hubert)...	Capitaine.	Commandant la 4e compagnie.
2e bataillon d'Afrique.	Mielet (Victorien)...	Lieutenant.	Officier de peloton, 4e compagnie.
	Picard (René).......	Id.	Id. 4e compagnie.
	Doré (Georges)......	Id.	Id. 4e compagnie.
	Martial (Jean)......	Id.	Adjoint au commandant de la colonne.
Section d'artillerie de montagne	Voinot (Louis)......	Lieutenant.	Commandant l'artillerie de la colonne.
Détachement du génie.	Bassène (Louis)....	Capitaine.	Commandant le génie de la colonne.
	Castelle (Jean).. ...	Lieutenant.	Commandant le détachement du génie.
1er escadron de spahis.	De Boério (Marie)...	Capitaine.	Commandant l'escadron.
	De Clavière (Antoine)	Lieutenant.	Officier de peloton au 1er escadron.
	D'Auberjon (Marie)..	Id.	Id.
Hôpitaux. — Division d'Alger.	Adriet (Pierre)......	Médecin-major de 2e classe.	Médecin chef de l'ambulance.
	Leniez (Alcide)......	Médecin aide-major de 1re cl.	Adjoint au médecin chef.
	Maignon (Dominique).	Officier d'admin. de 2e classe.	Comptable de l'ambulance.
Services administra- tifs.	Isnard (Gaspard)....	Sous-intendant militaire.	Direction des services administratifs.
	Décorse (Jean.)..,..	Officier d'admin. de 2e classe.	Comptable des subsistances.
102e de ligne.	Prudhomme (Henri)..	Capitaine.	Chef du bureau topographique.
21e régiment de dragons.	Faure (Henri).......	Lieutenant.	Bureau topographique.
Bureau arabe. El Goléa.	Simon (Henri).......	Capitaine.	Officier du bureau arabe de la colonne.
Bureau arabe. Division d'Alger.	Reymond (Paul).....	Interprète mili- taire.	Interprète de la colonne.

Composition de chacun des trois groupes de la colonne du Tidikelt.

CORPS ET SERVICES DIVERS.	GRADES OU EMPLOIS.	NOMS.	EFFECTIF.			
			OFFICIERS.	TROUPE.	CHEVAUX et MULETS.	CHAMEAUX.
PREMIER GROUPE. — Départ le 24 février 1900.						
État-major............	Lieuten¹-colonel commandant la colonne.	MM. D'EU.	1	»	2	2
Id.................	Lieuten¹ adjoint.	MARTIAL.	1	»	1	1
Id............	Secrét¹⁰ d'état-major.	»	»	1	»	»
1ᵉʳ rég. de spahis algériens.	»	»	3	38	41	9
Génie...............	»	»	2	21	8	12
1ᵉʳ tirailleurs algériens (10ᵉ compagnie)...........	»	»	3	175	1	14
19ᵉ section d'ouvriers d'administration.........	»	»	»	5	»	3
19ᵉ section d'infirmiers...	»	»	»	3	2	1
Équipage d'eau (164 tonnelets).....................			»	»	»	82
Convoi administratif....			»	»	»	327
Bachamars........................			»	»	»	»
Sokhars			»	»	»	»
TOTAUX............			10	243	55	451
DEUXIÈME GROUPE. — Départ le 25 février 1900.						
État-major........	Chef de bataillon	QUIQUANDON.	1	»	2	2
Id.................	Sous-intendant.	ISNARD.	1	1	2	1
Id.................	Interprète militaire.	REYMOND.	1	»	1	1
1ᵉʳ rég. de spahis algériens.	»	»	»	6[1]	6	»
2ᵉ bat. d'Afrique (4ᵉ comp.).	»	»	4	175	1	29
1ᵉʳ tirailleurs algériens (9ᵉ compagnie)...........	»	»	»	28	»	6
Artillerie........	»	»	1	52	12	130
19ᵉ section d'ouvriers d'administration.........	»	»	»	6	»	5
Ambulance............	»	»	2	20[2]	10[2]	25
Équipage d'eau (206 tonnelets)...................			»	»	»	108
Convoi administratif et réserve de chameaux			»	»	»	399
Bachamars..			»	»	»	»
Sokhars..			»	»	»	»
TOTAUX............			10	288	34	706

(1) Dont 1 sous-officier.
(2) Dont 4 soldats du train et 8 mulets.

CORPS ET SERVICES DIVERS.	GRADES OU EMPLOIS.	NOMS.	OFFI-CIERS.	TROUPE.	CHEVAUX et MULETS.	CHA-MEAUX.
TROISIÈME GROUPE. — Départ le 27 février 1900.						
État-major.............	Capit.ne comman-dant le groupe.	MM. REYNÈS.	1	»	1	1
Id.................	Capitaine du bu-reau arabe.	SIMON.	1	1	2	1
1er régim. de spahis algé-riens...............	»	»	»	6(1)	6	»
1er tirailleurs algériens (9e compagnie)..........	»	»	4	147	1	27
19e section d'ouvriers d'ad-ministration.........	Officier compta-ble.	DÉCORSE.	1	8(2)	7(2)	20
19e section d'infirmiers...	Médecin aide-major.	LENIEZ.	1	3(3)	3(3)	2
Bureau topographique....	Capitaine chef du bureau.	PRUDHOMME.	2	2	4	6
Equipage d'eau (144 tonnelets).................			»	»	»	72
Convoi administratif et réserve de chameaux...........			»	»	»	293
Bachamars...........................			»	»	»	»
Sokbars............................			»	»	»	»
TOTAUX....................			10	167	24	422

RÉCAPITULATION.

Officiers...............................			7	»	12	12
Cavalerie..............................			3	50	53	9
Infanterie.............................			13	525	6	79
Artillerie..............................			1	52	12	130
Génie................................			2	21	8	12
Secrétaire d'état-major.................			»	1	»	»
Ouvriers d'administration.............			1	16	7	28
Infirmiers............................			3	20	15	28
Train..............................			»	9	»	»
Ordonnances..........................			»	4	»	»
Equipage d'eau........................			»	»	»	262
Convoi administratif...................			»	»	»	1019
Sokbars..............................			»	»	»	»
Bachamars			»	»	»	»
TOTAUX....................			30	698	113	1579

(1) Dont 1 brigadier.
(2) Dont 3 soldats du train et 6 mulets.
(3) Dont 2 conducteurs du train et 2 mulets.

HISTORIQUE DES FAITS

24 février 1900. — 1er *échelon*. Mise en route du 1er échelon qui se porte d'El Goléa au puits d'El Okséïba.

Départ à 6 h. 15 du matin dans de bonnes conditions ; arrivée à 1 h. 10 du soir. Distance parcourue : 27 kilomètres en 7 heures. Bonne route. Vers le 15e kilomètre en partant d'El Goléa, on traverse une daya dont la surface est formée d'une couche saline de 16 à 20 centimètres d'épaisseur. Les gens du pays viennent y prendre des morceaux de sel ; ils en sont très avares et refusent d'en donner aux hommes ; seul le commandant de la colonne est autorisé à en prendre un morceau. Il est vrai que le travail est assez long et difficile, avec les faibles outils primitifs dont disposent les gens du pays. Le temps est superbe, mais la température reste élevée toute la journée. A la fin de l'étape il fait fort chaud.

Bivouac au Sud-Est et à 1500 mètres environ des puits. Bois rare dans un rayon d'un kilomètre ; il faut avoir soin de s'en procurer en route vers le 20e kilomètre. Pâturages à peu près nuls dans un rayon de 5 kilomètres. Les deux puits d'El Okséïba ont 2m35 de profondeur ; ils donnent une eau un peu magnésienne, mais assez agréable au goût. Le rendement total est d'environ 200 litres à l'heure, à condition qu'ils aient été récemment curés, car ils sont fréquemment ensablés malgré les coupoles de pierres dont ils sont recouverts. La colonne a emporté d'El Goléa de grandes cuves en zinc, fournies par le bureau arabe, à raison de deux par échelon, qui rendent les plus grands services ; remplies, elles fournissent une réserve d'eau pour la troupe et pour l'abreuvage du troupeau et des chevaux ; avoir soin de s'en munir toujours au départ. Un appareil Pithoy, du génie, doit aussi être emporté ; il servira dans certains tilmas. Le lieu de campement est bon, à condition de rester sur la piste sans s'approcher des puits.

25 février. — 1er *échelon*. Le 1er échelon se porte d'El Okséïba à l'Erg-Oulad-Yahia, à hauteur et un peu à l'ouest du kilomètre 56.

Départ à 5 h. 1/2 du matin. Arrivée à 1 heure du soir. Distance parcourue : 29 kilomètres. La route se prolonge sur un vaste plateau, d'accès facile et aux vues très étendues. On aperçoit, après quelques kilomètres de marche, de nombreuses petites dunes couvertes de r'tems en fleur. Plus loin, au tournant de la route, on trouve du plâtre.

En général, la route est bonne ; le seul endroit difficile est la montée étroite et rocailleuse qui, à hauteur du puits de Marokel, conduit sur un vaste plateau rocheux, très uni, mais rocailleux. On y trouve quelques dunes et du r'tem. Ce puits de Marokel est un peu sur la droite du chemin, et il est préférable, quand on a un bon convoi d'eau, de ne point y aller. Du reste, l'eau en est contaminée au moment du passage de la colonne, et le fait se reproduit très souvent. Peu de pâturages pendant la route.

La température reste très élevée toute la journée ; il fait encore plus chaud que la veille, et le thermomètre marque 42° à l'ombre vers midi. Il est temps d'arriver. Le camp est installé sur un bon terrain, un peu dur cependant, à l'ouest de l'Erg-Oulad-Yahia, au pied de la dune sur laquelle se voit le poste optique, et à 1 kilomètre environ à l'ouest de la piste kilométrée. Pas d'eau ; on utilise celle des tonnelets. Bois assez abondant dans la dune. Pâturages de médiocre qualité, mais assez abondants.

2ᵉ *échelon.* Le deuxième échelon se porte d'El Goléa à El Okséïba.

26 février. — 1ᵉʳ *échelon.* Marche de l'Erg-Oulad-Yahia au puits de Meksa.

Départ à 6 heures du matin. Arrivée à 1 h. 10 du soir. Grand'-halte de 45 minutes.

Distance parcourue : 27 kilomètres en 6 h. 55 minutes de marche effective. La route suivie par la colonne n'est pas la route kilométrée d'El Goléa à Fort-Miribel, mais un chemin plus à l'ouest qui laisse la grande dune à sa gauche (est). Elle se prolonge sur un vaste plateau rocheux, couvert de quelques r'tems dans le sable, ayant des vues très étendues vers l'ouest. Bons pâturages ; le passage de la dune, un peu avant de tomber dans la daya Bouziane est particulièrement long et difficile ; on rejoint la vraie route au kilomètre n° 72. Le terrain est alors

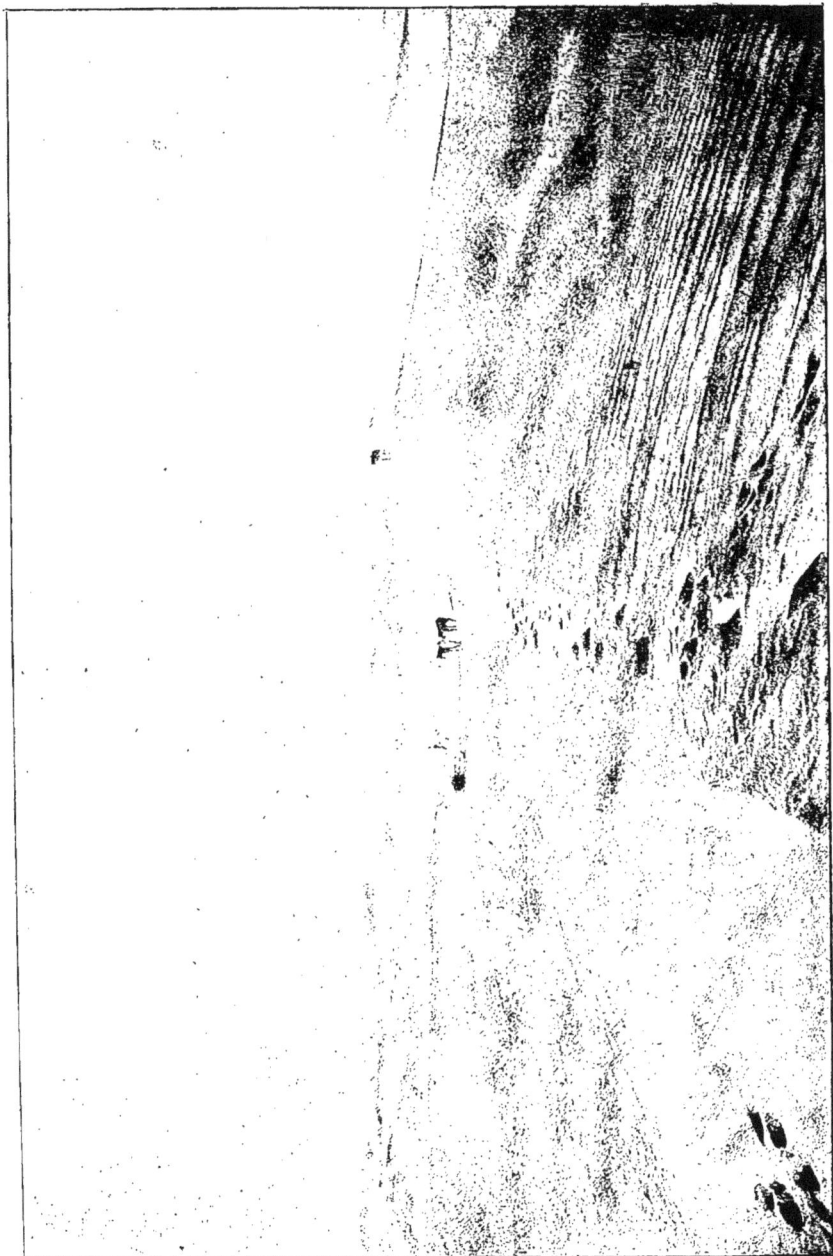

Environs d'El Goléa.

caillouteux et quelque peu accidenté ; mais la marche est assez facile. Les environs sont dénudés et d'aspect sauvage. On descend du plateau par un chemin étroit dans une daya que limite une grande dune vers le Sud. C'est la dune de Meksa, au milieu de laquelle se trouvent les puits. On s'en rapproche insensiblement ; la traversée en est lente et difficile. La colonne va camper au sud des puits, au delà de la dune et à environ 1800 mètres. Le terrain est ferme et bon. Il est préférable de ne pas rester dans la dune à cause des vents fréquents qui soufflent dans ces parages et soulèvent des nuages de sable qui obscurcissent le ciel et empêchent tout travail et toute surveillance. Il arrive souvent que le télégraphe optique ne peut correspondre pendant plusieurs jours consécutifs. Les deux puits de Meksa sont peu profonds (2^{m}60 et 2^{m}13), protégés par des coupoles en maçonnerie, mais, malgré cela, souvent ensablés. Eau magnésienne et séléniteuse très abondante; deux mètres cubes à l'heure quand les puits sont nettoyés. En creusant la dune, on trouve de l'eau à peu près partout ; les sokhars ont pu en découvrir en abondance. Bois dans les environs. La chaleur, encore forte, semble diminuer.

2e *échelon*. Le 2e échelon se porte d'El Okséïba à Guern-Ouled-Yahia, lieu habituel de campement sur la route kilométrée d'El Goléa à Fort-Miribel.

27 février. — 1er *échelon*. Marche de Meksa au puits de l'Oued Sarret (Hassi-Sarret).

Départ à 6 heures. Arrivée à 12 h. 25 minutes. Distance parcourue : 25 kilomètres en 6 h. 55 minutes.

La route, assez difficile au début dans les dunes, grimpe au 91e kilomètre sur un plateau dénudé et aride, couvert de pierres noires ; c'est triste et laid. La vue s'étend fort loin de tous côtés. On va ainsi de kilomètre en kilomètre jusqu'à la descente dans l'Oued Ghallousen, qui limite le plateau au Sud. Cette descente est encore difficile (kilomètre 99). Il faudrait un peu de travail pour aplanir le chemin. C'est sur la rive sud que fut surpris et tué le lieutenant Collot, des tirailleurs sahariens, en octobre 1896, avec trois des hommes qui l'accompagnaient ; le quatrième, un spahi, s'est sauvé. Plateau pierreux au delà ; on redescend dans l'Oued Sarret à travers les roches dures du plateau.

Bivouac à l'ouest du puits dans la rivière qui est large de 200 mètres environ. Bon terrain de campement. Bois excessivement rare. Pâturages nuls, à moins d'aller fort loin. Eau rare. Le puits de Sarret a 35 mètres de profondeur; son rendement maximum est de 3 mètres cubes, lorsqu'il a été récemment curé. Pour le moment il ne l'est pas, et l'eau est saumâtre. Un sokhar descend au fond pour le nettoyer. Il ne faut compter sur ce puits

Aspect général du plateau. — Route d'El Goléa à Fort-Miribel.

que pour une petite troupe. En général il est préférable d'avoir de l'eau avec soi pour la troupe et de laisser celle du puits pour abreuver les animaux. On utilise donc les tonnelets du convoi d'eau.

Température plus douce.

2e *échelon*. Le 2e échelon se porte de Guern-Ouled-Yahia à Meksa.

3e *échelon*. Le 3e échelon quitte El Goléa et bivouaque à El Okséïba.

28 février. — 1er *échelon.* Le 1er échelon se porte sur Fort-Miribel.

Départ du puits de Sarret à 5 h. 45 du matin; arrivée à Miribel à 12 h. 30.

Distance parcourue : 29 kilomètres en 6 h. 45.

La route est excellente et facile sur un plateau dénudé. Pays d'aspect fort triste, pas un brin d'herbe. On commence peu à peu, du reste, à s'y accoutumer. Bientôt le terrain qui est d'abord sablonneux et forme un fond de daya, devient plus rocailleux et plus dur. C'est le désert dans toute sa beauté sauvage. La descente dans l'Oued Chebbaba est difficile, à travers des rochers âpres et aigus ; les hommes marchent à la file indienne, et il faut faire attention à l'endroit où l'on place le pied, pour éviter les entorses. Mais on aperçoit les murs du fort ; c'est la civilisation qui réapparaît. Les fatigues disparaissent aussitôt et c'est en chantant que l'on gagne le terrain du bivouac.

Le camp est installé au sud des quelques maisons (gourbis) qui forment ce qu'on appelle emphatiquement le « village » à l'origine de la piste qui conduit à In-Salah. Ni bois ni pâturages, à moins d'aller à 14 kilomètres au moins du fort. L'eau des puits de Miribel est abondante et elle a largement suffi aux besoins des deux premiers échelons, à condition cependant de prendre des précautions contre le gaspillage. Elle est magnésienne et de qualité très variable, selon les puits. Le rendement est aussi très variable d'une année à l'autre.

En 1898, on ne pouvait puiser qu'environ dix mètres cubes d'eau en 24 heures.

Un service des subsistances a été installé à Fort-Miribel, on y trouve du pain frais. On y a installé également une ambulance, mais il y a peu de malades et la colonne ne laisse que 5 hommes.

2e *échelon.* Le 2e échelon se porte de Meksa à Sarret.

3e *échelon.* Le 3e échelon se porte d'El Okseïba à Guern-Ouled-Yahia.

1er mars. — 1er *échelon.* Séjour à Fort-Miribel. Réapprovisionnement en eau ; tous les tonnelets sont remplis pour quatre jours; tous les animaux boivent. On perçoit du pain pour cinq jours. L'ambulance de la colonne laisse dans ce poste le chocolat fondu par la chaleur et certaines choses inutiles. Le génie y laisse aussi quelque matériel trop encombrant et emporté à tort.

2e *échelon*. Le 2e échelon arrive à Fort-Miribel à 12 h. 45 et campe à l'ouest et près du 1er échelon.

3e *échelon*. Le 3e échelon se porte de Guern-Ouled-Yahia à Meksa.

Un vent violent du sud souffle tout l'après-midi ; bientôt la tempête soulève des nuages de sable qui obscurcissent l'air et rendent les corvées et opérations diverses fort difficiles.

Le fort Miribel est occupé, lors du passage de la colonne, par 50 hommes et 1 officier du 1er tirailleurs. On travaille à l'aménagement du bordj et le génie fait creuser dans la cour un puits déjà très profond, lequel ne donnera sans doute jamais d'eau. Ce point est relié à El Goléa par un système de postes optiques que, malheureusement, les nuages de sable empêchent souvent de fonctionner. Le service de la poste est fait par des spahis sahariens.

2 mars. — 1er *échelon*. Le 1er échelon quitte Fort-Miribel à 5 h. 1/4 du matin.

La route est d'abord fort mauvaise ; on grimpe sur les berges de la rivière, à travers les rochers, par un sentier ardu et étroit ; pierres roulantes qui rendent la marche dure et difficile. Après 4 kilomètres environ de montée, on arrive sur un plateau excellent où le convoi se déploie et regagne le temps perdu ; on aperçoit quelques cédras dans la daya El Hadj M'rabet. La route étant bonne et facile et le terrain favorable, il est prescrit de faire le plus de chemin possible, en vue des difficultés ultérieures. On a de l'eau, on prend du bois et l'on campe où l'on veut, dans la plaine, puisqu'on a tout avec soi.

Arrivée à 2 h. 10 de l'après-midi ; il a été fait une grand'halte de 45 minutes. Le camp est installé au delà de l'Oued Far, dans la daya Chaïba. Distance parcourue : environ 30 kilomètres en 8 h. 25. Pas d'eau sur place. Un peu de pâturages pour les animaux et quelques buissons pour faire la cuisine. Beau temps, température douce. Cependant le vent se lève de nouveau dans l'après-midi et il souffle avec violence dans la soirée et toute la nuit.

2e *échelon*. Séjour à Fort-Miribel.

3e *échelon*. Le 3e échelon se porte de Meksa à Sarret.

3 mars. — 1ᵉʳ *échelon*. Le 1ᵉʳ échelon se porte sur l'Oued Tilemdjane. Départ à 5 h. 1/4.

Le départ est facile et accéléré dans la vaste dépression de la daya où l'on se trouve. Puis le plateau change d'aspect et le pays devient plus accidenté et plus pittoresque. On aperçoit quelque verdure, un peu de pâturages. On arrive à l'Oued Tabaloulet. La descente dans la rivière et la traversée de l'oued sont assez difficiles. Vue agréable, aspect superbe (tout est relatif). On trouve là de beaux arbres (*r'tem, éthel et tamarix*), mais pas d'eau. On a tenté infructueusement de creuser un puits que l'on voit à quelques mètres à droite de la route; il est question de renouveler cette première tentative. Le génie de la colonne a fait des sondages, sans rien découvrir. Le chemin (piste) se déroule ensuite dans l'oued à travers des cailloux roulés, puis remonte sur un plateau raviné et assez ondulé, triste d'aspect, qui conduit à l'Oued Tiboukhar. C'est un obstacle important, à berges élevées et ardues. La descente dans la rivière est assez difficile; le chemin est pierreux, mais bien tracé. On arrive à la sortie au marabout de Sidi Abdelkader ben Djillali. Bons pâturages. Bois en grande quantité. Comme il fait beau temps et pas chaud, la colonne traverse l'oued et se porte au delà. On grimpe alors par une montée ardue et difficile sur un plateau très rocailleux. On est obligé de suivre des pistes étroites et tortueuses. Les chameaux marchent à la file indienne et le convoi s'allonge démesurément. Il faut faire de nombreux arrêts et surveiller le pays. Mais quelle belle vue du haut des sommets voisins de la route! Les chameaux, rassemblés par groupe, sont remis en marche, puis on descend dans l'Oued Tilemdjane par un sentier ardu également; le pays offre un aspect sauvage; il y a beaucoup de bois, de gros arbres.

Le camp est installé dans le lit de l'oued, en un bon endroit, large et aéré, facile à défendre et ombragé par de gros tamarix. Ce point a été choisi près d'un confluent qui permet la sortie vers le Sud, afin de rendre plus facile le départ du lendemain matin.

Partie à 5 heures du matin, la colonne arrive à 1 h. 45, après une grand'halte de 45 minutes pour la troupe, au marabout de Djillali.

Distance parcourue : 29 à 30 kilomètres en 8 heures environ.
Pas d'eau, bois très abondant, pâturages passables.

Vent violent tout l'après-midi.

2e échelon. Départ de Fort-Miribel, bivouac à 29 kilomètres
au Sud.

3e échelon. Marche de Sarret à Fort-Miribel.

4 mars. — 1er *échelon*. Départ du bivouac de l'Oued Tilemdj-
jane à 5 h. 20. Malgré les précautions prises la veille, la sortie
du camp est assez difficile. On suit d'abord la rivière pendant
quelques kilomètres, dans un chemin à peine frayé, à travers
les galets et pierres roulantes de l'oued ; la piste passe alternati-
vement d'une rive à l'autre, laissant sur la gauche des garas
élevées de 15 à 20 mètres, qui forment les berges. Puis on arrive
au confluent de l'Oued Seddeur, que l'on remonte de même à
travers les galets ; le convoi s'allonge et fait peu de chemin jusqu'à ce qu'enfin l'on arrive sur un bon terrain plat et favorable
à la marche. On rencontre alors de nombreux *mekham* sur la
route et quelques touffes de verdure. Sans arrêter le convoi, il
est fait une grand'halte d'une demi-heure vers la tête de l'Oued
Nogued. Le camp est installé dans un bon terrain vers l'Oued
Messilli, où l'on arrive à 2 heures. Distance parcourue : 28 kilomètres en 8 h. 10 de marche effective.

Beaucoup de chameaux sont devenus aveugles, momentanément du moins : les paupières sont fermées et les yeux pleurent
Ce fait est dû à une plante nommée « Ghedza ou Ghessal » ; les
chameaux du pays ne touchent jamais à cette plante ; ils ne
mangent pas non plus le « Gouzzah », toutes plantes à éviter, qui
poussent dans l'erg. Si l'un de ces chameaux aveugles s'égare,
il est perdu et il meurt de faim, sur place, ne sachant où aller.
Pas d'eau. Bois très abondant. Bons pâturages.

2e échelon. Marche sur l'Oued Tilemdjane.

3e échelon. Séjour à Miribel. La température baisse.

5 mars. — 1er *échelon*. Départ du bivouac de l'Oued Messilli
à 5 h. 20 du matin.

Le terrain presque plat est excellent pour la marche du
convoi, pendant les quelques kilomètres qui conduisent au
confluent de l'Oued Messilli avec l'Oued Mya. On gagne la rivière

principale du pays (Oued Mya) dont toutes les autres ne sont que des affluents, en traversant quelques bancs de pierres rou-lantes par une piste assez fa-cile généralement. La colonne arrive ainsi vers 7 h. 1/4 à Tilmas Djelguem, le point d'eau le plus important de la route. La colonne ne s'y ar-rête pas, laissant l'eau à l'é-chelon qui suit et va camper à 7 kilomètres plus loin, au Tilmas de Ferkla. Une garde spéciale est laissée à Djelguem pour empêcher *les sokhars*

Tilmas Djelguem.

toujours affamés et assoiffés de prendre de l'eau et de la salir.

Arrivée à Ferkla à 9 1/4 du matin.

Distance parcourue : 17 kilomètres en 4 h. 5. Il y a donc en réalité un espace de 98 kilomètres environ, entre Fort-Miribel et Tilmas Djelguen, à parcourir sans rencontrer la moindre prise d'eau. D'où la nécessité évidente d'avoir avec soi un convoi de 4 jours de ce précieux liquide. Et l'on n'est pas sûr de voir de l'eau en arrivant à la surface du sol. Si l'on ignore ce que c'est qu'un tilmas et le point exact où il est situé, cela peut rendre perplexe. Il faut donc bien se renseigner avant le départ.

Le bivouac est installé dans la vallée de l'Oued Mya, à 200 mètres à l'ouest du Tilmas de Ferkla. Eau abondante et très bonne ; on la trouve dans 5 ou 6 puits, à environ 1 mètre du sol. L'appareil Pithoy est monté par le génie ; la pompe donne bientôt une eau claire et abondante. Cela facilite considérable-ment l'opération du remplissage des tonnelets, qu'il faut songer à emporter pleins d'eau, le surlendemain, pour les étapes futures. Cet appareil a donné en moyenne 25 litres d'eau à la minute ; l'installation a demandé une demi-heure, la pompe a donné d'abord de l'eau trouble, puis, au bout d'une heure, de l'eau très claire. On a pu, pendant la soirée et la nuit, remplir tous les tonnelets et abreuver tous les chameaux de la colonne. Le tube était enfoncé de 3^m,20. Sans cet appareil il aurait fallu creuser de nombreux puits de 1^m,50 de profondeur, environ, qui n'auraient procuré que de l'eau sale.

Il faut avoir, en outre, de grandes cuves en zinc que l'on transporte à dos de chameau et que l'on installe près des puits. C'est une excellente réserve. Bois en quantité illimitée ; bons pâturages.

Vent très violent dans l'après-midi et dans la soirée.

2e *échelon*. De l'Oued Tilemdjane à l'Oued Mya.

3e *échelon*. Du Fort Miribel à l'Oued El Far.

6 mars. — 1er *échelon*. Séjour le matin du 6 mars. On continue le remplissage des tonnelets. Dans l'après-midi, la colonne se porte au Sud, au confluent de l'Oued Mya et de l'Oued Tilemsine.

Départ de Ferkla à 11 h. 1/2. La température est considérablement adoucie, il fait presque froid. Très bonne marche dans l'Oued Mya, que l'on suit par une piste facile malgré les quelques galets et pierrres roulées que l'on rencontre de temps à autre. A 3 kilomètres du point de départ, montée de 30 mètres environ, pour redescendre ensuite, puis remonter encore. Cette piste, quoique plus directe, est à éviter et il vaut mieux suivre le lit de la rivière et contourner les mamelons élevés des rives tortueuses. Si l'on suit la ligne droite, il faut souvent passer à la file indienne et cela fait perdre beaucoup de temps, outre que les descentes sont difficiles et même dangereuses.

Arrivée au nouveau bivouac à 2 h. 40.

Distance parcourue : 14 kilomètres (en suivant le lit de l'Oued Mya).

Le camp est installé sur le bord et à l'ouest de l'Oued Tilemsine.

Pas d'eau. Bois et pâturages très abondants à proximité du bivouac. Vent frais toute la journée. Pluie fine de peu de durée avant la nuit ; il fait presque froid.

2e *échelon*. De l'Oued Mya au Tilmas de Ferkla.

3e *échelon*. De l'Oued Far à l'Oued Timboukhar.

7 mars. — 1er *échelon*. Départ du camp à 5 h. 25 du matin. Il fait froid. La route à suivre est celle de la vallée, bien que l'on ait à passer sur des galets et à traverser plusieurs fois le lit de l'Oued Tilemsine. A 2 kilomètres du camp, le chemin monte sur une croupe de 20 mètres de relief et redescend dans l'oued par des pistes difficiles. On évite ces montées et descentes en suivant le lit de la rivière, ce qui est encore le meilleur chemin à prendre ; on rencontre des palmiers à Tilmas El Adhoum et il y a certainement de l'eau.

Belle végétation. A 3 kilomètres plus loin, on trouve les Tilmas bou Lasbà où il se rencontre encore un peu d'eau à la surface. Il est indispensable de signaler tous ces points et de les faire reconnaître ; ces tilmas ont certainement de l'eau ; il suffit d'y creuser un trou pour en avoir. Avec les pluies il y en a toujours à la surface. Mais il pleut si rarement ! Le nom de l'Oued « Tilemsine » indique qu'il y a beaucoup de tilmas dans son cours.

Les pistes quittent enfin l'Oued Tilemsine, qui remonte vers l'ouest, et prennent la vallée de l'Oued Seddeur.

Il y a du bois et de bons pâturages tout le long de la route ; mais, dès que l'on arrive à l'Oued Seddeur, on ne voit plus rien.

La vallée se rétrécit peu à peu et la route devient plus difficile ; on coupe la rivière à plusieurs reprises.

Arrivée au nouveau bivouac de l'Oued Seddeur à 12 h. 30. Distance parcourue : 26 kilomètres environ. Pas d'eau. Bois et pâturages assez abondants.

Vent froid toute la journée et assez violent, nuit très froide.

2e *échelon.* De Ferkla à Tilmas Abd-El-Haï dans l'Oued Tilemsine.

3e *échelon.* De l'Oued Timboukhar à l'Oued Gouzmouzzoug.

8 mars. — 1er *échelon.* De l'Oued Seddeur à l'Oued El Guettara.

Départ de l'Oued Seddeur à 5 h. 1/2 du matin. Les pistes remontent à l'Oued Seddeur qu'elles coupent en plusieurs endroits. Là, il est nécessaire de modifier le système de marche des jours précédents pour suivre ces pistes directes qui sont bonnes, en général, au lieu de s'engager dans le lit de l'oued et de ses affluents. Le chemin devient quelque peu rocailleux jusqu'à la rencontre de l'Oued Moussa ben Yaïch, que l'on coupe pour le remonter sur sa rive droite vers les garas qui forment le difficile et dangereux défilé d'Aïn Guettara. Il y a beaucoup d'eau dans l'Oued Moussa ben Yaïch aux tilmas de Chebbaba où, au moyen de quelques travaux, on pourrait créer des prises d'eau en pierres sèches comme à Ferkla et à Djelguem. Le chemin devient ensuite très bon sur le plateau qui précède le défilé. Ce défilé est franchi par une piste très étroite qui grimpe sur le sommet des garas laissant la cascade à gauche. On ne peut passer qu'un à un et il faut surveiller de près les chameaux. La descente est encore plus difficile et plus dangereuse ; cependant, le passage s'est effectué sans accident ; il a duré de 11 h. 35 à 1 h. 10, soit un peu plus de 1 h. 1/2.

Le génie avait été envoyé en avant pour améliorer le sentier ; il est resté après le passage du convoi et a fait sauter à la mélinite les principaux obstacles.

El Guettara.

En bas de la cascade, sont trois petites sources donnant un peu d'eau. On devrait y aménager un bassin pour la recevoir et la conserver. Quelques palmiers. Le chemin se continue difficile et rocailleux dans l'Oued El Guettara pendant 3 kilomètres. Puis la vallée s'élargit peu à peu et l'on peut reformer le convoi. Ce défilé serait très dangereux et impraticable s'il était défendu.

Arrivée à l'Oued El Guettara à 2 h. 15. Distance parcourue : 27 à 28 kilomètres.

Bivouac au sud des gorges d'Aïn Guettara à l'ouest de l'oued du même nom. Pas d'eau habituellement. Bois très abondants. Pâturages médiocres.

Vent froid et violent toute la journée. Orage avec éclairs et grêle à 2 h. 1/2 de l'après midi, quelque temps après l'arrivée. Tous les oueds de la région coulent à pleins bords. Tous les animaux boivent ; c'est chose très rare dans ces parages, où il ne pleut presque jamais. Il faut avoir soin, quand l'orage menace et même en tout temps, de sortir du lit des rivières pour installer le camp qui serait inondé sans cette précaution. Un chameau est emporté par le courant et noyé.

2e *échelon*. De Tilmas Abd-El-Haï à l'Oued Moussa ben Yaïch.

3ᵉ *échelon*. De l'Oued Gouzmouzzoug à Djelguem.

Comme on le voit, les échelons ne campent pas aux mêmes endroits et font plus ou moins de chemin suivant les circonstances. C'est ce qui avait été prévu.

9 mars. — 1ᵉʳ *échelon*. De l'Oued El Guettara à l'Oued El Abiodh.

Départ à 5 h. 1/2 du matin. Le vent est frais, il fait froid. Chose étonnante, la rivière coule et il faut établir un passage avec des pierres. Le paysage est joli, beaucoup d'arbres (gom-

Dans l'Oued El Guettara.

miers) et de la verdure ; l'eau a lavé le feuillage et comme hommes et animaux sont bien abreuvés, chacun est gai.

Le temps est beau.

On longe la rivière sur la rive gauche pendant 5 à 6 kilomètres, puis on rencontre quelques montées difficiles où les chameaux ne peuvent passer que l'un derrière l'autre : ce sont les derniers contreforts du Tadmaït La rivière file vers l'ouest et, après une dernière montée, on passe dans la vallée de l'Oued El Abiodh ; mais le dernier plateau avant d'y arriver est rude et rocailleux ; le chemin devient ensuite excellent et facile.

Arrivée au bivouac de l'Oued El Abiodh à 2 heures du soir ; il a été fait une grand'halte de 45 minutes. Distance parcourue : 30 kilomètres environ. Vent violent toujours. Pas d'eau dans l'Oued El Abiodh. Bois et pâturages abondants. Dès lors, le pays change d'aspect : ce n'est plus le plateau rocheux, âpre et ardu du Tadmaït, coupé de ravins et d'oueds, parsemé de pierres noires et tristes, mais une vallée sablonneuse, large et facile. Le convoi peut s'étendre en largeur.

2e *échelon*. De l'Oued Moussa ben Yaïch à l'Oued El Guettara.

3e *échelon*. De Tilmas Djelguem au confluent de l'Oued Mya (ou Oued Diss) et de l'Oued Tilemsine.

10 mars. — 1er *échelon*. Le premier échelon se porte de l'Oued El Abiodh à Hassi El Mongar.

Départ à 5 heures du matin. La route se dirige droit au Sud ; elle est facile, mais fort dénudée ; sable et petits cailloux roulés et arrondis. On laisse quelques garas noires sur la gauche. Vers 7 heures du matin, le vent se lève de nouveau avec violence et il souffle bientôt en tempête, soulevant des nuages de sable qui rendent la marche lente et difficile.

Il faut s'abriter la figure contre les petites pierres, et les chevaux refusent de marcher droit. On ne distingue plus bien la direction ; le convoi suit péniblement ; il faut ralentir et serrer. Heureusement que le terrain est bon et que les pentes Est du Tadmaït, non loin du chemin suivi, indiquent la direction sur la gara d'El Mongar, qui forme un point sombre à l'horizon.

Arrivée à 11 h. 45, sans grand'halte ni arrêt ; la violence du vent et le sable obligent à marcher. Distance parcourue : 30 kilomètres environ.

Bivouac près du puits « Boukerrani ». Le puits d'Hassi El Mongar a 7m,50 de profondeur ; bien nettoyé, il donne une eau de bonne qualité, mais peu abondante, environ 3 à 4 mètres cubes en 24 heures. Il est situé au sud du Bâten, entre deux pitons isolés faciles à reconnaître. L'eau se renouvelle lentement et une forte colonne ne pourrait s'y approvisionner. Il est bon d'y envoyer une équipe de puisatiers d'avance pour nettoyer le puits, d'abord, et préparer une réserve d'eau pour l'arrivée.

Bois abondant dans l'Oued Mongar à 1000 mètres environ du puits. Pas de pâturages, à moins d'aller à 15 ou 20 kilomètres vers l'Est.

Nous sommes dans le Tidikelt.

Le manque d'eau oblige la colonne à se remettre en route le

Hassi El Mongar.

lendemain, au lieu de faire séjour à Hassi El Mongar, comme il avait été projeté au départ.

2e *échelon.* De l'Oued El Guettara au camp de l'Oued El Abioth.

3e *échelon.* Du confluent de l'Oued Mya à l'Oued Seddeur.

11 mars. — 1er *échelon.* D'Hassi El Mongar à Foggaret ez Zoua.

Départ à 5 h. 1/2 du matin. La route se dirige vers le Sud-Ouest, laissant à droite le Bâten du Tadmaït et l'on gagne peu à peu l'Oued Mongar que l'on remonte ensuite. Quelques arbres, çà et là, indiquent le lit de la rivière qui est surtout ensablé. Terrain de reg sablonneux, sans aucune végétation. C'est le pays de sable par excellence. Route facile. Vent violent qui vient d'arrière heureusement. D'ailleurs, chacun s'y est accoutumé. Grand'halte à 11 h. 1/2, sans arrêter le convoi des chameaux ; il a suffi à la troupe de prendre un peu d'avance.

On aperçoit de très loin la dune de Foggaret qui est le gîte de l'étape. A 5 kilomètres avant d'y arriver, on entre en plein dans le sable, et la marche se ralentit sensiblement.

Arrivée à 2 h. 15. Distance parcourue : 37 kilomètres.

Bivouac au nord-est du village, près de la prise d'eau et au pied de la dune. Eau très abondante et très bonne, un peu chaude (25°). Pour l'amener dans l'oasis et arroser les cultures, les gens du pays captent la source souvent à 4, 5 et même 10 kilomètres de distance et creusent à une profondeur plus ou moins grande une séguia (canalisation) souterraine, qui vient déboucher à l'entrée des jardins. Des puits ou regards sont installés tous les 10 à 15 mètres, parfois moins, pour prendre du jour et permettre de nettoyer le canal. C'est ce qu'on nomme, en langage du pays, une foggara, au pluriel « feggaguir ». A la sortie, le canal d'amenée se divise en plusieurs branches ou conduites, en plein air ou recouvertes de dalles en pierres, de façon à répartir l'eau dans les propriétés. Chaque jardin possède généralement une fosse de 20 à 25 centimètres de profondeur qui sert de réservoir.

L'eau se paie très cher. Il existe dans chaque centre un *caïd des eaux*, dont les registres sont bien tenus. C'est même le meilleur et le plus sûr document à utiliser pour faire les recensements et établir l'impôt. Toutes les oasis du Tidikelt sont formées sur le même modèle. Chaque groupe comprend trois choses : l'eau, le sable, les habitants. La résultante est l'oasis. En dehors des oasis, il n'y a rien absolument qu'un terrain de reg sablonneux sans végétation aucune.

Pas de pâturages. Bois rare et cher, on brûle des djerid ou branches de palmier desséchées. Le vent a continué à souffler pendant tout le trajet ; dans la soirée et une partie de la nuit, il

est très violent. Puis il cesse tout d'un coup vers le matin. Puisse-
t-il ne plus revenir !

2ᵉ *échelon*. Le 2ᵉ échelon vient camper à 12 kilomètres au sud-
ouest de Kassi-Monbar pour se rapprocher du premier.

3ᵉ *échelon*. De l'Oued Seddeur à l'Oued Moussa ben Yaïch.

12 mars. — 1ᵉʳ *échelon*. Séjour à Foggaret ez Zoua. Ce centre
est en réalité une pauvre réunion de masures en terre sèche, de
forme cubique, situées dans la dune. On y compte de 300 à 400
habitants. Bonne casbah refaite à neuf depuis peu, dite « Casbah
Djedida » ; elle date de deux ans à peine. C'est un massif cubique
de 50 à 60 mètres de côté avec des murs épais, de 5 à 6 mètres
de hauteur. Pas de fossé. Bastions aux angles. Trois rangs de
créneaux, le premier a 0ᵐ,50 au-dessus du sol. C'est un très
bon centre de défense ou réduit contre des fusils seuls. C'est le
refuge des gens des Ksour, lors des incursions des Touareg. Le
kébir de Foggaret vient faire ses offres de soumission et d'amitié. C'est un bel homme, à l'air intelligent, appartenant aux
Zoua, de la famille des Oulad Sidi Cheikh. Les palmiers sont
beaux et les jardins bien tenus. On y cultive de l'orge, un peu
de blé, des oignons et quelques autres légumes. Bien qu'on ne
soit que dans la première quinzaine de mars, la moisson est
presque terminée. Les habitants l'ont avancée et faite rapidement à cause de l'approche de la colonne. C'est un tort, le grain
sera mauvais ; les dattes sont de qualité inférieure ; il y en a peu
du reste.

2ᵉ *échelon*. Le 2ᵉ échelon rejoint le 1ᵉʳ dans l'après-midi et
vient camper à côté de lui.

3ᵉ *échelon*. Se rend de l'Oued Moussa ben Yaïch à l'Oued El
Guettara.

13 mars. — 1ᵉʳ *échelon*. Départ de Foggaret ez Zoua à 5 h. 15
du matin.

On se dirige droit sur Igosten dans une vaste plaine de reg
sablonneux. Les derniers contreforts du Tadmaït, au nord,
servent à déterminer la direction. Rien sur le sol, pas un brin
d'herbe. Plus loin on rencontre çà et là de petites dunes et
quelques touffes sèches et maigres d'homran, qui sert de com-
bustible.

Pays triste. Beau temps, froid le matin. Le vent s'est réellement calmé. On aperçoit bientôt les dunes d'Igosten, et le sommet de la plus haute sert de point de direction.

Arrivée à Igosten à 11 h. 25. Distance parcourue : 26 kilomètres.

Bivouac au nord du village. Eau très abondante. Bois rare et cher. Pas de pâturages.

Igosten.

Le détachement du capitaine Thouveny qui avait accompagné un convoi (tirailleurs et spahis algériens), vient à Igosten se fondre dans le premier échelon. L'aspect général d'Igosten est semblable à peu près à celui de Foggaret. Le centre est encore plus petit, mais c'est toujours la dune, un peu plus élevée peutêtre, l'oasis et le village. Ce sera toujours ainsi, nous n'y reviendrons plus. Le kébir vient également présenter ses hommages et des gages d'amitié. Ces gens-là ne sont pas riches et ont besoin de nous.

2e échelon. Le 2e échelon part de Foggaret ez Zoua dans l'après-midi et se porte sur Igosten où il vient camper, à proximité du premier.

3e échelon. De l'Oued El Guettara à l'Oued El Abiodh.

14 mars. — *1er échelon*. Marche sur In-Salah. Le départ a lieu à 5 h. 1/4 pour le premier échelon. Arrivée à 9 h. 25. Distance parcourue : 17 kilomètres.

La piste n'est plus marquée ; on marche dans un terrain assez bon d'abord, pendant 4 ou 5 kilomètres, puis on arrive aux dunes que l'on coupe ou contourne, pour entrer ensuite dans un couloir qui serait dangereux en présence d'un ennemi entreprenant. On retrouve ensuite un bon terrain de reg jusqu'aux dunes d'In-Salah.

2e échelon. Le 2e échelon part d'Igosten à 9 heures du matin et arrive à 11 heures à In-Salah.

Les deux échelons réunis campent à 500 mètres à l'est de la casbah de Badjouda.

IN-SALAH

Le camp est installé sur un plateau assez vaste, dominant l'oasis et le ksar principal. Bien aéré et facile à tenir propre; pas trop de sable.

In-Salah forme un groupe de cinq oasis séparées. La principale « Ksar-Kébir », où nous sommes, a le même aspect, déjà décrit : dune, ksar, oasis. L'oasis est très belle; et son entrée, à la prise d'eau, offre un coup d'œil magnifique. Les palmiers sont hauts et très verts; mais les dattes sont médiocres. L'eau coule en abondance; elle est amenée de loin par une foggara profonde. Sous les palmiers on cultive du blé, de l'orge, des oignons, carottes, choux, etc. Tous les légumes peuvent y pousser. La moisson est terminée. La dune est haute et elle envahit le ksar. Celui-ci, le principal cependant, est un ramassis de maisons assez sales et d'apparence sordide. On en remarque toutefois quelques-unes d'assez bel aspect et bien construites. Portes solides en planches de palmiers. Pas de fenêtres ; rues étroites, tortueuses et sales. Gens crasseux ; seuls, les Kebar et la famille des Badjouda sont assez propres; ils se promènent armés de la lance traditionnelle des Touareg. Costumes bariolés aux couleurs voyantes. Beaucoup de nègres ; ce sont eux qui cultivent les jardins. Le commerce n'est pas ce que l'on pourrait croire, il y a eu exagération. On ne compte que quatre magasins ou boutiques de vente, et il y a peu de chose : quelques bijoux du Soudan ou du Touat, en or et en argent ; des couvertures du Gourara ou du centre de l'Afrique ; des dépouilles d'autruches (fort peu) et des armes. Chaque famille possède un ou deux moutons noirs, à poil laineux, qui couchent dans la maison, nommés « ademan » : il y a aussi beaucoup d'ânes et quelques chameaux. Je n'ai pu faire le dénombrement des habitants, mais je doute fort qu'il y en ait plus de 4,000 à 5,000 en tout (et encore !).

Les Touareg viennent (ou mieux venaient) fréquemment faire des échanges avec les gens d'In-Salah.

On rencontre beaucoup de ruines d'anciennes casbahs ou maisons particulières.

Eau très abondante dans l'oasis. Bois rare et cher. Pas de pâturages à moins d'aller à 14 ou 15 kilomètres.

Des ordres spéciaux sont donnés pour l'établissement du camp sous In-Salah. Le service est réglé pour le jour et la nuit. Les vivres sont réunis et le sous-intendant dresse l'alignement général à la date du 14.

Les chameaux inutiles sont licenciés le 15.

3ᵉ *échelon.* De l'Oued El Abiodh à Hassi El Mongar.

15 mars. — 1ᵉʳ *et* 2ᵉ *échelons.* A In-Salah.

3ᵉ *échelon.* Séjour à Hassi El Mongar,

16 mars. — 1ᵉʳ *et* 2ᵉ *échelons.* Séjour à In-Salah.

Le commandant de la colonne reçoit l'ordre de se porter sur In Rhar et d'occuper l'oasis ainsi que tout le Tidikelt, si possible.

Aussitôt est organisée une colonne légère comprenant les 1ᵉʳ et 2ᵉ échelons, les troupes sahariennes et le goum, le 3ᵉ échelon devant former la réserve. L'ordre nº 3 est dicté.

ORDRE Nº 3.

Une colonne légère se portera le 17 mars sur l'oasis d'In Rhar, à 55 kilomètres à l'ouest d'In-Salah.

Cette colonne comprendra :

1º Les deux premiers échelons de la colonne du Tidikelt, allégés de tout le matériel inutile et des vivres qui ne doivent pas être emportés, avec leur garde ;

2º Les troupes sahariennes de la garnison d'In-Salah comprenant : 100 goumiers, 60 spahis et 200 tirailleurs sahariens.

Le commandant Baumgarten laissera à In-Salah pour commander et garder la place, comme troupes de garnison : un capitaine, un lieutenant des affaires indigènes, un ou deux officiers de tirailleurs sahariens et environ 70 hommes.

L'infanterie emportera 20 caisses de cartouches de réserve, qui seront chargées par les chameaux de l'artillerie.

L'artillerie emportera 150 coups par pièce dont moitié à la mélinite.

Le service des subsistances chargera dix jours de vivres, et les troupes emporteront leurs deux jours de vivres de réserve, au total douze jours.

D'Eu.

En exécution des prescriptions de cet ordre, les instructions spéciales suivantes sont dictées :

Demain 17 mars, marche sur In Rhar. Réveil à 4 h. 1/2. Départ à 5 h. 1/2. Première halte horaire 6 h. 20.

ORDRE DE MARCHE. — *Exploration.* — Spahis sahariens et goumiers, à 4 ou 5 kilomètres en avant de la colonne. Les goumiers partiront ce soir pour Aouïnet-Sissa, 17 kilomètres, afin d'y préparer l'eau pour abreuver les chevaux et remplir les bidons et les guerbas au passage.

Colonne et convoi.

Avant-garde : Spahis algériens.

1re face : Une demi-compagnie de tirailleurs sahariens marchant en sections par le flanc, ayant entre elles le génie et l'artillerie de combat.

2e face : 10e compagnie de tirailleurs algériens ;

3e face : 4e compagnie du 2e bataillon d'Afrique.

4e face : Une demi-compagnie de tirailleurs sahariens ayant derrière elle 1 brigadier et 4 spahis algériens.

Deux mulets de cacolet marcheront avec la 4e face.

Le convoi marchera à l'intérieur du carré. Aucun homme ne devra être laissé par les spahis de l'arrière-garde, ni s'égarer sur les flancs.

Grand'halte s'il y a lieu.

Bivouac. — Le bivouac sera installé en carré dans la forme habituelle et comme l'indique la figure ci-dessous. Les tirailleurs sahariens formeront la 1re face ; les tirailleurs algériens, la 2e ; la 4e compagnie du bataillon d'Afrique, la 3e ; les spahis, la 4e avec un peloton de tirailleurs sahariens en avant.

Les goumiers et spahis sahariens camperont à 2 kilomètres en avant vers l'ennemi. On devra redoubler de surveillance aux avant-postes. Les corps et détachements laisseront à In-Salah les malades et les hommes nécessaires (éclopés de préférence) pour garder le matériel. Ces hommes seront alignés en vivres jusqu'au 18 courant inclus.

Le 3e échelon devant arriver le 18, laissera à In-Salah tout son matériel lourd (four de campagne et autres objets encombrants). Le docteur Leniez sera chargé de l'ambulance et restera à In-Salah.

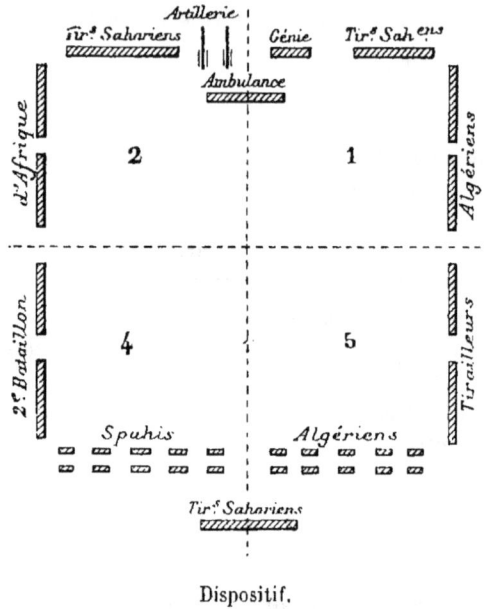

Dispositif.

3e échelon. Le 3e échelon continue sa marche sur Foggaret ez Zoua de façon à se rapprocher de la colonne. En cours de route et en exécution d'ordres reçus du commandant de la colonne, le capitaine commandant fait rétrograder le lieutenant Olivier, 25 tirailleurs et 2 spahis algériens sur Tilmas Djelguen pour prendre livraison d'un convoi de ravitaillement envoyé d'El Goléa et le ramener à In-Salah.

Après quelques heures de repos, cet échelon se remet en marche pendant la nuit, de manière à doubler la dernière étape et à arriver à In-Salah dans la journée du 17 mars.

17 mars. — Départ d'In-Salah à 5 h. 1/2. La colonne contourne les dunes par le Sud, passe près de Deramcha, où eut lieu le combat du 5 janvier 1900, se dirige ensuite vers l'ouest à travers une grande plaine sablonneuse. La route passe près de la petite oasis de M'Barka, très proche d'In-Salah, en ligne directe, mais à plusieurs kilomètres par le chemin suivi. On allonge le chemin en contournant la dune, afin d'éviter les bas-fonds dangereux qui se trouvent à la sortie ouest des jardins d'In-salah. C'est là, en effet, que s'accumulent les eaux des feggaguir et il existe des fondrières dangereuses. La marche est pénible dans ces dunes ; le vent devient violent et la colonne s'arrête à Aouïnet Sissa, à 11 heures. Grande tempête de sable. Distance parcourue : 21 kilomètres environ. Le bivouac est installé à proximité d'une petite dune, près de l'eau, peu abondante d'ailleurs, dans un puits aménagé la veille par les goumiers, à un mètre de profondeur. Pâturages et bois à proximité. La colonne avait emporté un jour d'eau. On est à l'entrée de ce pays appelé emphatiquement sur les cartes « Forêt du Tidikelt » (Rabah). Les pâturages y sont mauvais. Il faut avoir vu cette forêt pour se rendre compte de la relativité des choses et de l'exagération orientale.

3e *échelon.* Départ de Foggaret, à 1 h. 15 du matin. Arrivée à Igosten à 6 h. 45. Grand'halte de 50 minutes ; café. La marche est aussitôt reprise.

Arrivée à In-Salah (Ksar el Kébir) à 1 h. 30 du soir. Distance parcourue : 38 kilomètres. Le vent souffle avec violence à partir de midi ; il cesse le soir.

La section de la 9e compagnie commandée par le sergent Clément, qui marchait avec le 2e échelon et avait été laissée à In-Salah, rallie sa compagnie.

18 mars. — Dans la nuit, des patrouilles de goumiers sont envoyées dans l'oasis d'In Rhar pour chercher à parlementer avec les ksouriens et connaître leurs intentions ; ils sont reçus à coups de fusil et obligés de se retirer.

La colonne part d'Aouïnet Sissa à 5 h. 1/2 du matin pour se rapprocher d'In Rhar ; elle va bivouaquer à 8 kilomètres environ à l'est de la dune, que l'on aperçoit devant soi. Des « Choufs » apparaissent sur le sommet. Pas d'eau. Bois, pâturages abondants. Distance parcourue : 24 kilomètres.

Renseignements. — En cours de route, le naïb des Quadrya lui-même, du goum Pein, rend compte que les gens d'In Rhar sont décidés à se défendre, qu'ils ont repoussé les patrouilles à coups de fusil et qu'il a été impossible de parlementer et de s'entendre.

Dans la soirée, des coups de feu sont tirés de nouveau sur les patrouilles de spahis, envoyées dans la direction d'In Rhar.

Le commandant de la colonne, renseigné par les éclaireurs, et convaincu qu'il faudra combattre pour entrer dans In Rhar puisque les habitants ne veulent rien entendre, fait paraître l'ordre suivant :

ORDRE Nº 4.

Demain réveil à 4 heures.

Les chameaux ne seront pas chargés et devront, au contraire, être solidement attachés et maintenus sur place, ainsi que les sokars.

La garde du camp sera assurée par 3 sections :

1re Une section du bataillon d'Afrique, sous les ordres d'un lieutenant, lequel aura le commandement du convoi jusqu'à l'arrivée du capitaine Simon ;

2e Une section du 1er tirailleurs commandée par un adjudant ;

3e Une section de tirailleurs sahariens, commandée par un officier indigène.

M. l'interprète Raymond aura la surveillance du convoi proprement dit et maintiendra l'ordre parmi les sokhars.

L'ambulance restera au camp, sauf quelques cacolets et litières et le matériel indispensable que désignera lui-même le médecin chef en prévision d'un combat.

Toutes les autres troupes seront réunies à 4 h. 45 devant la 1re face du camp. Les spahis sahariens et goumiers éclaireront la colonne en avant et sur les flancs.

Départ à 5 heures précises dans la formation suivante :

Avant-garde : Un demi-escadron de spahis algériens.

Colonne. — Première ligne : Une compagnie de tirailleurs sahariens, encadrant le génie et l'artillerie. — Deuxième ligne : Deux compagnies (4e compagnie du 2e bataillon d'Afrique, à droite, 10e compagnie du 1er tirailleurs à gauche).

Réserve : 9e compagnie du 1er tirailleurs.

Arrière-garde : 5 spahis algériens.

3e *échelon.* Départ d'In-Salah à 3 heures du matin, à travers l'oasis, en longeant le village de M'Rabtin. Arrivée à Aouïnet Sissa à 7 h. 55.

A 12 h. 55, campé à mi-distance d'Aouïnet Sissa et d'In Rhar, à 10 kilomètres en arrière du bivouac des échelons 1er et 2e réunis de la colonne du Tidikelt.

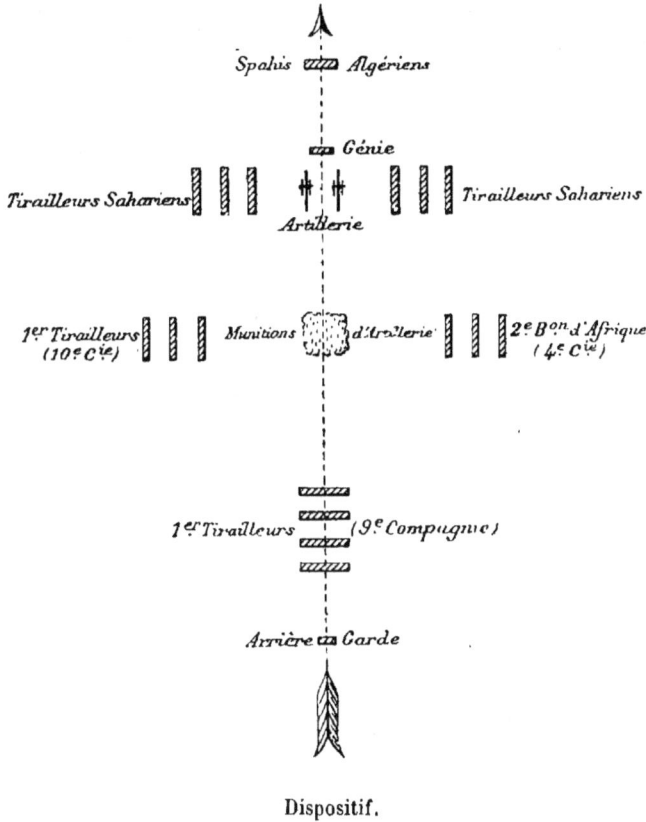

Dispositif.

A 9 heures du soir, le 3e échelon reçoit l'ordre de continuer son mouvement dans la nuit du 18 au 19 mars, de façon à rallier le bivouac de la colonne vers 5 heures du matin. Il a déjà fait une étape de 35 kilomètres ; cependant il se remet en marche à 2 heures du matin, et à 4 h. 10 il rejoint la colonne, ayant marché pendant la nuit.

Depuis le 16 mars au matin, cet échelon a parcouru 128 kilomètres, remorquant un convoi de 460 chameaux.

19 mars. — 5 heures du matin. Rassemblement de l'infanterie
de la colonne du Tidikelt en ligne de colonnes de compagnie.
Revue du commandant de la colonne ; aussitôt, mise en marche
sur In Rhar en trois échelons d'après l'ordre communiqué la
veille (n° 4).

COMBAT D'IN RHAR

La première pause de marche s'effectue sans incident, mais bientôt des coups de feu se font entendre ; ils sont tirés sur nos goumiers et sahariens d'avant-garde par l'ennemi qui se retire des dunes et se réfugie vers les casbahs à travers l'oasis.

Le plan d'attaque est le suivant : refouler tous les ennemis dans les casbahs centrales et battre celles-ci par le canon, pour faire brèche et donner l'assaut, s'il y a lieu.

En exécution de ce plan, ordre est donné aux spahis sahariens et goumiers de contourner l'oasis par le Sud et aux spahis algériens de se porter par le Nord, de l'autre côté de Ksar-Lekhal, de façon à chasser tous les ksouriens sur les casbahs centrales et à leur couper la retraite vers l'Ouest. Cependant la colonne continue sa marche et se déploie pour gravir la dune. Bientôt le commandant de la colonne est informé par les reconnaissances de cavalerie que les deux casbahs centrales sont occupées par plus d'un millier de défenseurs bien armés, qu'il n'y a personne dans les casbahs extrêmes, vers le Nord et vers le Sud, et que la ligne de retraite de l'ennemi est coupée.

Du haut des dunes, on aperçoit nettement l'oasis, les villages et les deux fortes casbahs centrales, vers lesquelles se réfugient les gens d'In Rhar.

L'oasis s'étend au pied de la dune, du Nord au Sud, sur plusieurs kilomètres de longueur, avec une largeur moyenne de 700 à 800 mètres ; au delà, le grand village de Ksar Lekhal ; au centre du ksar, les casbahs, distantes l'une de l'autre d'environ 300 mètres. L'infanterie est déployée sur les dunes. Le feu est ouvert, et quelques salves bien ajustées forcent l'ennemi à se réfugier définitivement dans les casbahs.

L'artillerie se met en batterie à 7 h. 1/2 sur un sommet domi-

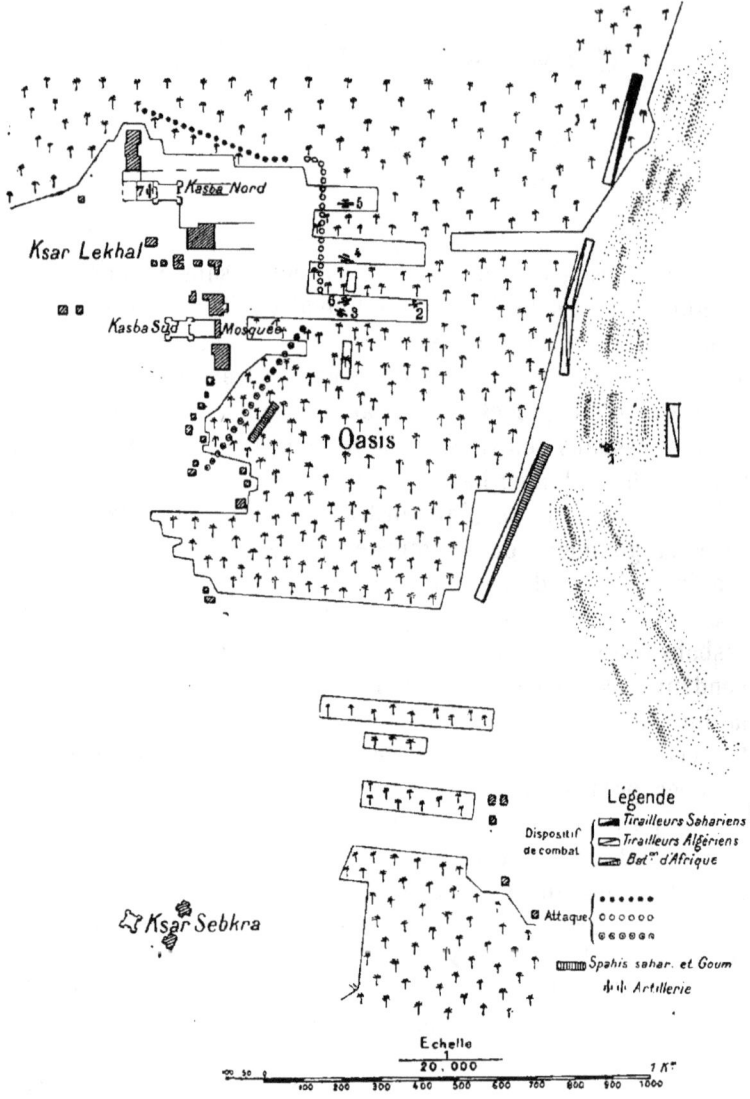

Ksar Lekhal

Kasba Nord

Kasba Sud   Mosquée

Oasis

Ksar Sebkra

Légende

Dispositif
de combat

Tirailleurs Sahariens
Tirailleurs Algériens
Bat⁼⁼ d'Afrique

Attaque

Spahis sahar. et Goum
Artillerie

Echelle
1
20.000
1 K⁼

COMBAT D'IN RHAR.

nant et ouvre le feu sur les casbahs à 1175 mètres. Pendant que
la mélinite fait son œuvre, l'infanterie s'avance.

Il est formé deux colonnes d'attaque ; celle de droite, sous les
ordres du commandant Quinquandon, comprend la compagnie
du 2e bataillon d'Afrique (capitaine Marchal) et la 10e compagnie
du 1er tirailleurs (capitaine Thouveny) ; celle de gauche, sous le
commandement du chef de bataillon Baumgarten, comprend
toutes les troupes sahariennes, tirailleurs et spahis avec les goumiers. La 9e compagnie du 1er tirailleurs forme la réserve (capitaine Carlhian).

L'infanterie couronne les crêtes et descend bientôt vers la
lisière de la palmeraie. Quelques coups de feu chassent les derniers défenseurs des jardins, qui rejoignent les autres vers les
casbahs centrales. Un certain nombre est mis hors de combat
avant d'atteindre ce but.

Bientôt un des bastions de la casbah est démantelé ; une large
ouverture apparaît dans la muraille ; la brèche semble praticable, à distance. Ordre est donné à l'artillerie de changer
d'objectif et de tirer sur la casbah S pour y faire de même une
brèche. Ouverture du feu à 900 mètres.

Mais peu à peu le vent se lève et soulève le sable des dunes,
que fort heureusement il pousse vers l'Ouest, c'est-à-dire vers
le ksar. Il devient d'une violence telle que bientôt il couvre d'un
épais voile sombre l'oasis, les ksours et les casbahs. On ne voit
plus rien ; impossible de continuer le tir, le feu cesse.

Cependant l'infanterie, précédée de ses éclaireurs, chemine
sous les palmiers et gagne la lisière extérieure des jardins à
250 mètres des murs du ksar. L'artillerie, sous sa protection, se
rapproche et se place à 500 mètres des casbahs ; elle ouvre de
nouveau le feu, le vent ayant cessé, mais on ne distingue pas
suffisamment le pied des murailles. La brèche, reconnue par une
petite patrouille, est signalée comme impraticable ; il faut s'approcher plus près, voir le pied des murailles, qui sont entourées
d'un fossé profond creusé dans le roc, ce qu'on ignorait jusqu'alors. Il est 9 heures. L'artillerie se porte en avant, à la
bricole et protégée quelque peu par les palmiers. Elle ouvre le
feu à 300 mètres sur le bastion Sud-Est (gauche) de la casbah
Nord ; l'infanterie engage un feu nourri avec les défenseurs.
Quelques tireurs adroits et bien postés visent particulièrement

ceux qui se montrent au haut des murs, à l'intérieur des casbahs, mais les défenseurs semblent résolus à vendre chèrement leur vie et à faire une résistance désespérée. Ils ont des armes à longue portée ; mais, heureusement pour nous, ils tirent trop haut aux petites distances. L'artillerie change encore de position. Des salves nourries l'accueillent aussitôt qu'elle apparaît sur un nouveau terrain. Les défenseurs profitent de ces arrêts du feu pour tirer et même réparer les brèches.

Enfin à 10 h. 5, la brèche est reconnue praticable. Les colonnes d'assaut sont formées, la charge sonne, et tirailleurs et chasseurs d'Afrique se précipitent comme une avalanche irrésistible sur la trouée faite dans la muraille. Rien ne les arrête, ils arrivent avant que les défenseurs chassés dans les autres bastions par le canon aient eu le temps de revenir sur ce point et, franchissant le fossé, ils pénètrent dans la casbah. Un arrêt se produit bientôt. L'intérieur de la casbah est un dédale inextricable de maisons, ruelles étroites, carrefours sombres, créneaux meurtriers...., au milieu desquels il est impossible de se reconnaître. Le tout est bondé de défenseurs, et les coups de feu partent de toute part.

Il faut marcher et vaincre ; les chefs donnent l'exemple : le lieutenant Miélet, du 2e bataillon d'Afrique, entré un des premiers dans la casbah, est blessé de deux coups de feu assez grièvement. Le commandant Quinquandon, le capitaine Thouveny sont en tête. Tous les hommes disponibles de la colonne de droite sont sur la brèche. On avance peu à peu. Le sous-intendant Isnard s'élance sur la muraille et encourage les assaillants par sa bravoure. Le génie (capitaine Bassène) arrive et fait sauter les obstacles ; il est 10 h. 40.

L'ennemi résiste toujours ; il tire de la casbah Sud, des maisons voisines, de l'intérieur de la mosquée, etc...., et son tir est dangereux. Il faut aussi le déloger de là. L'artillerie se remet en batterie pour faire brèche dans le mur de la mosquée d'abord, puis dans la casbah Sud, que les sahariens surveillent, attendant impatiemment l'heure de l'assaut.

Le génie se dévoue de nouveau, mais ses pétards sont presque sans effet sur ces épaisses murailles en terre, aussi dures et invulnérables que le roc. Il faut de l'artillerie ; celle-ci fait un large trou dans les murs de la mosquée et aussitôt les sahariens s'en emparent, mais ils ne peuvent pénétrer encore dans la casbah Sud; la brèche n'est pas suffisamment ouverte.

Cependant la casbah Nord est prise. L'artillerie va s'y établir en sûreté à 325 mètres de la casbah Sud, prête à tirer.

Il est midi 30 minutes et le combat dure depuis le matin. Tout est prêt; le clairon va sonner la charge pour la seconde fois;

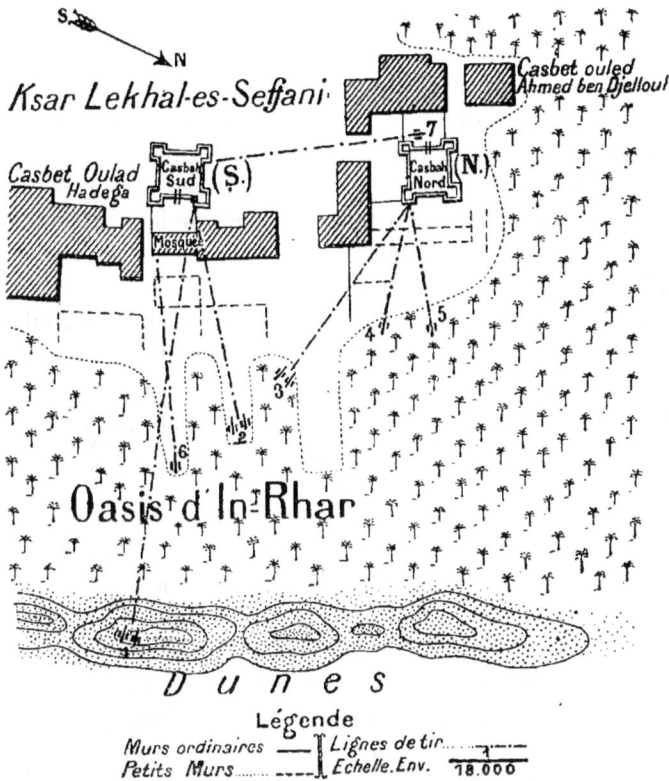

Emplacements occupés successivement par l'artillerie au combat d'In Rhar
(19 mars 1900).

chacun brûle d'envie, du côté des sahariens, de suivre l'exemple de la colonne de droite; tous ont le désir de se distinguer; on sent le fluide circuler dans les rangs.

Tout à coup un chiffon blanc apparaît flottant au-dessus des murs de la forteresse; c'est le pacha qui demande l'aman sans condition. Le feu cesse partout. Le pacha Ed-Driss ben el Kouri arrive bientôt seul sur la place; il demande à se rendre prisonnier, mais il ne parle que pour lui. Il prétend ne pas pouvoir répondre de ses compagnons d'armes. Il faut faire demander trois des principaux habitants du ksar.

Enfin, après de longs pourparlers, ceux-ci consentent également à la reddition. Les autres défenseurs sortent un à un, par petits groupes, de la casbah Sud qui se vide peu à peu. Les sahariens s'y faufilent et l'occupent enfin.

Vers 4 h. 30, le sacrifice est consommé. C'est une belle victoire due à la bravoure des officiers et soldats; une page glorieuse ajoutée aux brillantes annales de l'armée d'Afrique.

Nos pertes sont malheureusement sérieuses : 9 tués, dont 2 sous-officiers; 38 blessés, dont 2 officiers : le lieutenant Miélet, du 2e bataillon d'Afrique, et le lieutenant Voinot, commandant l'artillerie.

Celles de l'ennemi sont considérables et peuvent être évaluées à 600 tués, une cinquantaine de blessés recueillis sur le terrain et 450 prisonniers.

Il a été tiré à In Rhar 103 obus allongés, chargés à la mélinite, et 33 à mitraille; 12,000 cartouches modèle 1886 et 65 pétards.

Le pacha de Timmi, Ed-Driss ben el Kouri, était à In Rhar depuis un mois environ, venant du Touat, par l'Aoulef, où il avait séjourné longtemps. C'est un beau vieillard d'une soixantaine d'années, à l'œil vif et à figure intelligente. Mais on sent qu'il manque de franchise et qu'il ne veut pas encore dévoiler ses plans. Il parlera plus tard. Originaire de Fez et d'abord incorporé dans le magh'zen du sultan, il fut nommé par la suite caïd dans le Tafilalet, puis plus tard gouverneur du Touat pour le sultan du Maroc. Depuis quatre années, il dirigeait et administrait le Sof Hamed, au Touat, au nom du gouvernement marocain; sa résidence était à Adrar, dans le district de Timmi.

Avec lui furent faits prisonniers 24 kébar ou personnages importants, soit par leur autorité, soit par leur fortune, venus du Touat, de l'Aoulef, des Ouled Zenan, de Sali, etc. Ils avaient emmené avec eux tous les guerriers du pays et ils se défendirent avec acharnement.

A la suite de ce brillant fait d'armes, le lieutenant-colonel commandant la colonne fit paraître l'ordre suivant :

ED-DRISS BEN EL KOURI
Pacha de Timmi.

ORDRE DE LA COLONNE, N° 5.

In Rhar est à nous; le drapeau français flotte sur les casbahs, prises d'assaut, grâce au courage et au dévouement de tous.

Officiers, sous-officiers, caporaux, brigadiers et soldats ont rivalisé de zèle et d'ardeur et se sont montrés les dignes émules de leurs devanciers qui ont conquis le Nord de l'Afrique.

Parmi les prisonniers se trouve le pacha de Timmi, gouverneur du Touat, venu avec tous ses guerriers.

La France peut être fière de ses enfants et des Algériens qui combattent sous son drapeau. Elle saura reconnaître les actes héroïques accomplis en son nom et récompenser ses soldats, qui ont versé leur sang et combattu pour elle.

Le lieutenant-colonel remercie tous les braves de la colonne du Tidikelt, qui ont vaincu à In Rhar, et il leur adresse ses plus chaudes et plus chaleureuses félicitations.

In Rhar, le 20 mars 1900.

Le lieutenant-colonel commandant la colonne,

D'EU.

Il a été fait, à la suite du combat, des propositions régulières dont quelques-unes ont déjà reçu satisfaction. En outre, des félicitations ont été adressées aux troupes par le général commandant le 19e corps d'armée et le gouverneur général de l'Algérie (ordre général n° 9), et par le Ministre de la guerre.

Le convoi, resté au bivouac sous les ordres du capitaine Simon, des affaires indigènes, se porte en avant, le soir, avec sa garde et vient s'installer à l'est des dunes d'In Rhar.

20 mars. — A 9 h. 30, toutes les troupes s'établissent au bivouac, près de l'oasis, sur la place qui sépare les deux casbahs. Le carré est formé. La 10e compagnie, moins une section restée à la garde de la casbah avec les prisonniers, occupe la 2e face; les sahariens, la 1re; le bataillon d'Afrique, la 3e; la 9e compagnie occupe la 4e face. Les ordres suivants sont donnés :

L'escadron des spahis sahariens ira en reconnaissance vers la casbah au nord des jardins, où quelques fuyards en armes ont été vus. Il est interdit de causer des dégâts dans les jardins et dans les maisons du village. Les morts seront enterrés avec les honneurs qui leur sont dûs. Les cadavres ennemis seront recherchés et ensevelis convenablement dans les fossés des casbahs.

La brèche.

Le génie fera ensuite sauter à la mélinite les bastions et pans de murs encore debout et raser entièrement les deux forteresses. Le chef de bataillon Baumgarten, commandant supérieur d'El Goléa, organisera le pays et assurera la garde du pacha de Timmi.

A 4 h. 30 de l'après-midi, cérémonie de l'inhumation des morts de la colonne dans l'oasis. Tous les officiers et une députation en armes de chaque corps sont présents.

21 mars. — Séjour à In Rhar.

Température : 15 degrés à 6 heures du matin; 35 degrés à 1 heure de l'après-midi. Vent violent avec sable; sirocco depuis 10 heures du matin jusqu'à 5 h. 30 du soir.

Des hommes de corvée rassemblent les cadavres de l'ennemi et les enterrent dans les fossés de la casbah.

Une reconnaissance est envoyée au sud de l'oasis sous les ordres du capitaine Thouveny, du 1er tirailleurs, qui établit le rapport suivant :

Reconnaissance : départ à 7 heures.

L'oasis, qui de la grande casbah s'étend jusqu'au ksar de Miliana, n'est plus occupée; sa longueur est de 2 kilomètres environ.

Le village de Miliana est occupé par 30 ou 40 hommes faits prisonniers au combat d'In Rhar, à la casbah centrale, et à qui l'on a rendu la liberté. Ils sont sans armes et sans vivres.

Au sud du village, à 1500 mètres de distance, se trouve une casbah de 35 mètres environ de côté, entourée d'un fossé sur le faces est et sud. La face nord-est est en partie démolie. La face ouest fait corps avec des maisons en ruines.

Cette casbah n'a pas été occupée et a été au contraire en partie détruite sur les ordres du pacha de Timmi, qui a fait refouler tous les habitants avec leurs vivres dans les casbahs du centre. Elle porte le nom de « Sebkh'a ».

L'oasis est limitée au sud par une dune; le terrain est ensuite découvert sur une longueur de 500 à 600 mètres, et l'on voit au delà quelques palmiers clairsemés.

La casbah Sebkh'a a une forme carrée de 37 mètres de côté, et sa porte d'entrée est située sur la face est, du côté de l'oasis ; le mur d'enceinte a 1 mètre environ d'épaisseur au pied et 5 mètres de haut; il est lézardé en plusieurs endroits sur les différentes faces, qui sont défendues par des créneaux établis à 2m,50 du sol. Les banquettes n'existent pas.

Une deuxième ligne de feux a été organisée vers le milieu des faces nord et sud. Cette deuxième ligne de feux est détruite en ce moment sur la face nord, dont le mur d'enceinte est fortement ébréché à 2m,50 du sol.

A chaque angle de la casbah se trouve une tourelle de 7 mètres environ de hauteur formant bastion, qui bat une face de la

redoute par trois lignes de feux (0m,50, 2m,50 et 5 mètres
environ). Des créneaux (0m,50) ont été établis de manière à
battre les secteurs privés de feux.

Tous les créneaux sont perpendiculaires à la direction du mur.

A l'intérieur de la casbah on trouve un trou, sorte de puits
comblé. Il n'y a pas d'eau et il faut aller dans l'oasis, à 700 ou
800 mètres, pour en trouver.

En avant de la face nord, le terrain est découvert jusqu'à Ksar
Lekhal (1500 mètres environ).

On ne trouve qu'une maison détruite à 200 mètres au nord-
nord-est de la face.

En avant de la face est se trouvent deux groupes de maisons
abandonnées à 1500 mètres environ, puis l'oasis à 700 ou
800 mètres. Au sud-est-est de la même face se trouvent également
deux groupes de maisons inhabitées. Enfin, en avant de la face
sud, le terrain est découvert, légèrement mouvementé, avec
quelques palmiers.

A l'ouest, terrain découvert complètement.

Il a paru nécessaire de donner le plan de cette casbah, qui
sera conservée et aménagée pour servir de logement principal
et de réduit défensif à la 1re compagnie de tirailleurs sahariens,
laissée en garnison à In Rhar.

Casbah. — Quant aux deux casbahs principales, les plus fortes
certainement de tout le Tidikelt, elles sont actuellement détruites
et rasées ; l'emplacement où elles s'élevaient est nu ; on ne les
reverra plus, sans doute.

Leurs derniers défenseurs dorment, sous leurs ruines et dans
les fossés comblés, leur dernier sommeil. Ils se conduisirent en
héros ; admirons leur courage et respectons leurs mânes. Leur
souvenir vivra longtemps dans le Sahara, celui des vainqueurs
sera aussi durable.

Casbah nord (N.). — La casbah nord N., dite casbah de
Ouled Djelloul, qui fut emportée d'assaut, était la plus forte du
pays, par son flanquement et ses fossés creusés dans le roc.
L'ensemble forme un rectangle dont le petit côté a 60 mètres
environ et le grand 80 mètres.

A chaque angle est un bastion dont les faces ont 2m,50 de

longueur. Le mur d'enceinte a 8 mètres de hauteur ; celui des bastions est plus élevé d'un mètre environ. L'épaisseur des murs à la base est de 1m,50 à 2 mètres; au sommet, ils ont de 30 à 50 centimètres. Un fossé, de 2 mètres à 2m,50 de profondeur et large de 2 mètres, entoure tout le rectangle. Une ouverture basse, étroite et fermée par de solides poutres en palmiers,

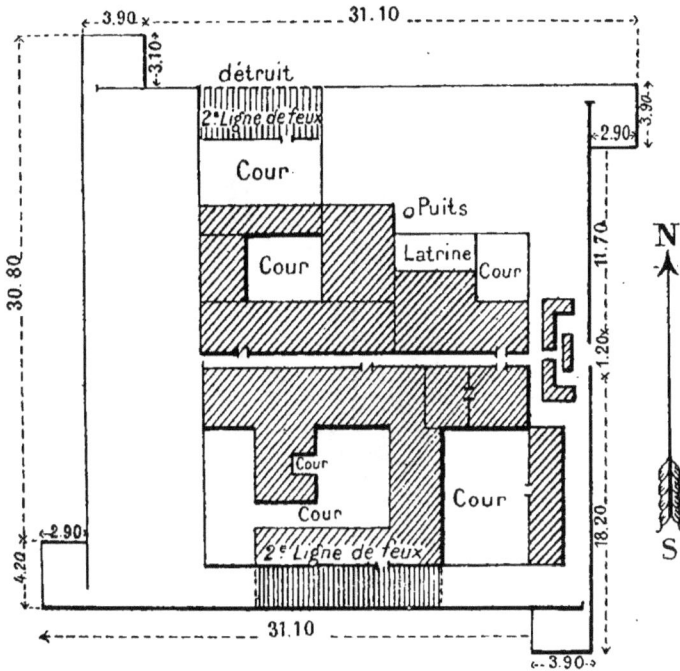

Casbah Sebkh'a.

s'ouvre du côté de l'ouest, dans le fond du fossé ; c'est la seule ouverture d'accès et elle est bien dissimulée.

Trois lignes de créneaux ouvrent leurs embrasures étroites à l'extérieur. La première ligne est à 40 centimètres au-dessus du sol formant glacis ; la seconde à mi-hauteur du mur ; la troisième à 50 centimètres environ au-dessous de la crête. Enfin, on peut tirer par dessus les crêtes. Des machicoulis défendent la porte d'entrée. C'est très solide et le fusil ne peut rien contre ces forteresses ; il faut du canon et des obus à mélinite. A l'ouest, du côté de l'entrée, était une grande cour, enceinte d'un mur, pour remiser les animaux. A l'intérieur se trouvaient des ruelles inextricables, couvertes d'un palier général formant premier étage, avec des cases nombreuses, sombres et irrégulièrement enchevêtrées. Le premier étage était organisé de même, mais les rues étaient à ciel ouvert, avec des places aérées et des escaliers. Une vraie fourmilière.

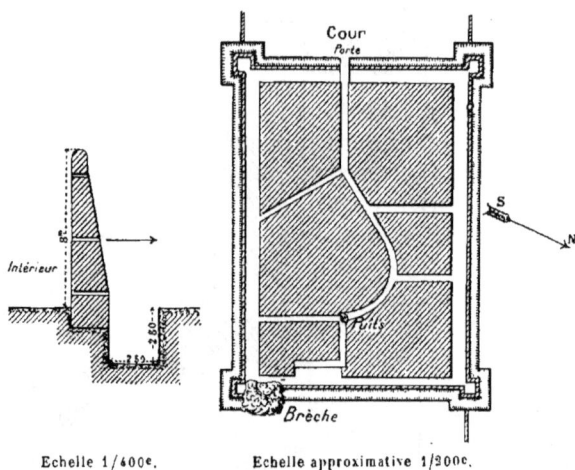

Echelle 1/400e.   Echelle approximative 1/200e.

Casbah des Ouled Djelloul.

La brèche par laquelle les troupes d'assaut sont entrées avait environ 8m,50 de largeur, dans un angle de bastion détruit. Mais le fossé n'était pas entièrement comblé et il y avait encore une différence de niveau sensible. Le mur lui même n'était pas complètement rasé et l'escalade conduisit au premier étage. Il fallut descendre au rez-de-chaussée par des trappes.

Casbah sud (S.). — La casbah sud (S.), dite casbah des Ouled Hadega, distante de la première de 325 mètres, avait à peu près la même forme et la même force, sauf l'absence d'un bastion à l'angle nord-ouest.

Ce bastion, antérieurement tombé en ruines, sans doute,

n'avait pas encore pu être rétabli, car le mur avait été remis à neuf de ce côté.

Une forte mosquée défensive était reliée à la casbah par la cour située entre les deux; il fallut d'abord s'emparer de la mosquée pour atteindre la casbah.

Outre ces deux casbahs centrales, In Rhar possédait encore deux autres points fortifiés : l'un au nord de l'oasis, en ruines ;

Une maison d'In Rhar.

l'autre au sud. Cette dernière casbah, décrite ci-dessus, sert de logement à la 1re compagnie de tirailleurs sahariens, laissée en garnison à In Rhar, après le départ définitif de la colonne. Comme on peut aisément s'en rendre compte, ce centre formait une ligne très forte avec sa dune, son oasis et ses ksours, réunis par quatre points de première force, et l'on comprend qu'il ait été choisi comme ligne de défense du Tidikelt contre l'ennemi venant de l'Est, par le pacha de Timmi (Touat); c'était très intelligent et d'une bonne tactique. Il avait compté sans la mélinite.

Quelques maisons, même, sont de véritables petites forteresses.

22 mars. — Séjour à In Rhar.

Les spahis sahariens et le goum sont envoyés à Tit pour reconnaître la route et occuper ce centre.

Un détachement de la 10ᵉ compagnie, commandé par le lieutenant Courthiade, est mis en route sur In-Salah, pour aller chercher un convoi de ravitaillement.

Vent. Température normale, 33 degrés à l'ombre.

La 10ᵉ compagnie est désignée pour rester à In Rhar. Elle doit garder les prisonniers et les faire travailler, avec l'aide du génie, au dérasement complet des deux casbahs centrales.

MARCHE VERS L'OUEST

La colonne quitte In Rhar pour continuer la marche vers l'Ouest, dans le Tidikelt, et soumettre tout le pays.

Départ d'In Rhar à 5 h. 5.

La marche a lieu en carré, sur un sol sablonneux, mêlé de petits cailloux. Les pistes sont peu marquées et disparaissent à certains endroits sous le sable qui les recouvre. A 500 et 600

Aïn-Cheikh, vue prise de l'ouest.

mètres, à droite et à gauche, petites dunes de sable produisant quelques végétations assez maigres, du dh'oumran en grande partie.

Au Nord, la Gara borne l'horizon à deux kilomètres de distance.

A 7 h. 15, la colonne passe devant la petite oasis d'Aïn Cheikh ; on voit couler l'eau dans les foggaras, à 2^m,50 de profondeur ; en arrivant aux jardins, elle est à fleur de terre.

La colonne s'arrête et campe à 11 h. 20.

Le temps est défavorable ; le vent souffle avec violence et soulève des nuages de sable qui obscurcissent l'air et gênent considérablement la marche.

Entre In Rhar et Tit.

Distance parcourue : 24 kilomètres. Pas d'eau ; on utilise celle des tonnelets. Quelques pâturages qui fournissent la nourriture des chameaux et le bois nécessaire à la cuisson des aliments.

Température : 13 degrés à 5 heures du matin ; 35 degrés à 3 heures du soir.

Les spahis sahariens et le goum se portent de Tit sur Akabli.

24 mars. — Vers 3 h. 1/2 du matin, vent violent du Nord avec tempête de sable.

Départ à 5 heures.

A 6 h. 45, pluie légère. La marche a lieu sur le même terrain de reg sablonneux que la veille. A partir de 7 h. 25, un peu de sable alourdit la marche et recouvre les pistes.

A 7 h. 50, le vent redouble d'intensité ; hommes et chameaux se couchent ; on ne distingue pas son voisin à trois pas de distance. Tout est rouge sombre, et c'est à peine si l'on peut se tenir debout ; silence complet et anéantissement momentané.

Il faut avoir vu semblable tempête pour s'en faire une idée exacte. Enfin le vent faiblit, le ciel s'éclaircit, et à 8 h. 45, après une heure d'arrêt, la colonne reprend sa marche.

Une pluie diluvienne nous inonde, avec rafales de vent froid pendant 1 h. 25. On coupe enfin une dernière dune, puis l'on

descend vers le ksar de Tit où l'on arrive vers 10 heures. Arrêt
de 20 minutes ; la colonne traverse le ksar et campe, à 11 heures,
au delà de l'oasis, et à environ 800 mètres à l'ouest du village.

Distance parcourue : 18 kilomètres environ, soit 24 + 18 =
42 kilomètres d'In Rhar à Tit.

Le vent cesse vers 3 heures du soir. Eau abondante et bonne.
Pas de bois ni de pâturages ; le bois est *acheté* aux habitants de
l'oasis qui apportent des branches plus ou moins sèches de palmiers. Durant la marche, le sable a envahi les culasses mobiles
qui sont hors d'état de fonctionner sans un nettoyage sérieux.

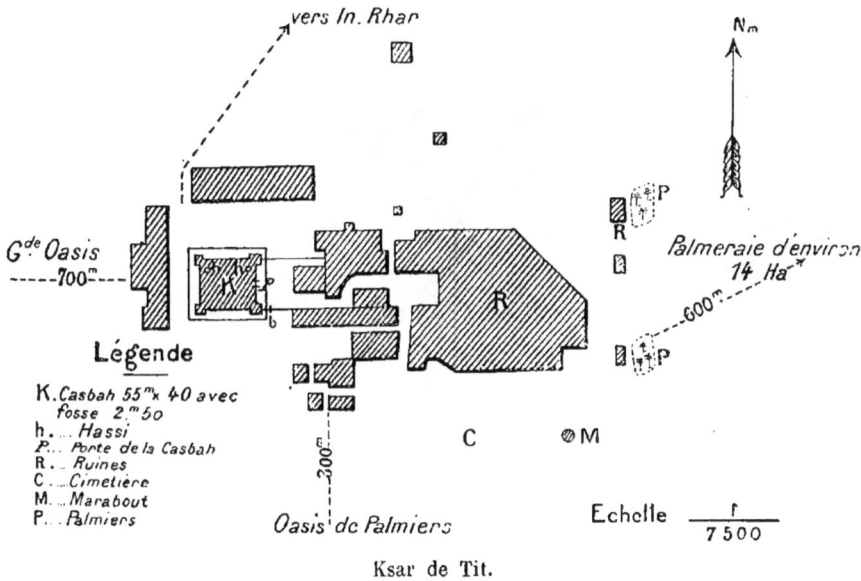

Ksar de Tit.

Un couvre-culasse est indispensable pour les troupes opérant
dans ces parages. Enrouler la culasse mobile de drap est insuffisant et dangereux, il faut autre chose (nous en parlerons plus
loin).

Température : 21 degrés à 6 heures du matin ; 23 degrés à
3 heures du soir.

Une section de la 9ᵉ compagnie, commandée par M. le lieutenant Jouandon, est désignée pour rester à Tit jusqu'au retour de
la colonne qui doit partir le lendemain pour Akabli.

Le ksar de Tit (Zaouïet-Tit) n'a pas grande importance, c'est un petit groupe de maisons habitées par de pauvres Harratin et des nègres; les Arabes semblent en être partis. Les maisons sont en ruines. Une casbah, réparée tout récemment et entourée d'un

Entre Akabli et Tit. — La grand'halte.

fossé, forme la défense principale; l'intérieur en est assez bien compris et pourra facilement être aménagé. C'est la garnison future des spahis sahariens.

Tit se trouve en effet sur la route des caravanes qui, du Reggan, se rendent à In-Salah; les Touareg y viennent fréquemment aussi; enfin, on se trouve près des pâturages que fournit la rabah du Tidikelt. Le Sof Hamed y domine.

Il y a beaucoup d'eau; les jardins sont bien tenus et les palmiers très verts. On y cultive du blé, de l'orge, des oignons, une certaine espèce de petits choux et l'on y voit quelques pieds de vigne, des figuiers et amandiers. Comme animaux, des chameaux, des ademan et des ânes.

25 mars. — Départ de Tit à 5 h. 10.
Arrivée à Akabli à 10 h. 50.
Distance parcourue : 22 à 23 kilomètres.

Terrain sablonneux durci par la pluie de la veille et de la nuit ; ciel nuageux durant la marche. Le soleil paraît vers 10 h. 30, et le temps redevient plus favorable. Tout le monde est satisfait et l'eau est assurée pour longtemps. Terrain de reg très bon pour la marche. Mais quelle solitude ! Le désert dans toute sa beauté sauvage ; pas de verdure, rien à l'horizon ! La vue s'étend à l'infini.

Le bivouac est installé dans le reg, près de la principale casbah (les autres sont en ruines), dite Kasbet-el-Mansour.

Eau bonne et abondante. Pas de pâturages pour les chameaux. Le bois est acheté dans l'oasis.

Akabli. — Kasbet el Mansour

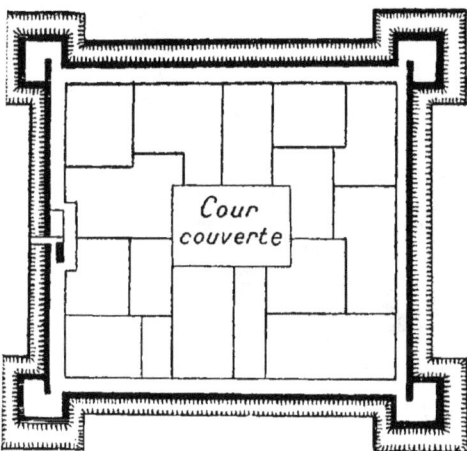

Echelle 1/1000e.   Plan.

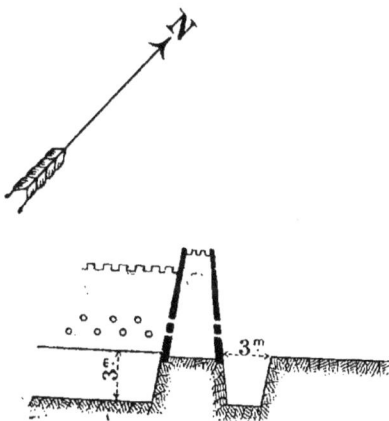

Coupe d'un bastion.   Echelle 1/500e.

Température : 38 degrés à 3 heures du soir.

La colonne rejoint à Akabli les spahis sahariens et le goum qui l'avaient précédée depuis In Rhar, pour occuper les casbahs de Tit et d'Akabli et recevoir la soumission des habitants.

26 mars. — Séjour à Akabli.

Le district d'Akabli est le plus méridional du Tidikelt ; il comprend plusieurs ksours dont le plus important est Zaouïet-

Cheikh-ben-Naama près duquel nous sommes. L'oasis est fort belle, mais les villages sont, comme partout, sales et en ruines, et les habitants tout déguenillés. De nombreux feggaguen conduisent une eau claire et abondante vers les jardins. Les produits du sol sont identiques à ceux des autres oasis du Tidikelt, les animaux y sont les mêmes. Dans le voisinage on trouve du « thomela », sorte de soufre employé au tannage des peaux et même pour faire de l'encre indélébile. Il y a aussi de l'alun et du *nitron*.

Akabli. — Un coin du Ksar Mansour.

Comme ailleurs, le Sof Hamed domine à Akabli. Les ordres religieux y sont les mêmes. On y trouve beaucoup de gens se disant *M'rabtines*, descendants de marabouts, gens pacifiques qui viennent à nous.

Dans le cimetière, on trouve beaucoup de pierres de serpentine verte, ce qui fait supposer qu'il y en a dans les environs.

La casbah est en bon état et capable d'une longue résistance;

elle est aménagée, à l'intérieur, comme celles déjà décrites ou à
peu près. Mais les fossés sont remplis de sable.

C'est le point de réunion des caravanes venant du Touat ou
d'In-Salah pour se rendre à Tombouctou. Les gens du pays sont
d'excellents convoyeurs et ils connaissent très bien les routes à
suivre. Quiconque n'est pas allé à Tombouctou n'est pas un
homme. Ceux avec lequel je m'entretiens me parlent avec plaisir
de la ville soudanaise et des Français qui l'occupent et qu'ils
connaissent bien. Ce sont de braves gens, mais ils craignent les
Touareg.

Il n'y a point de magasins à Akabli, pas plus d'ailleurs qu'à
Tit ou à In Rhar, et l'on ne trouve que peu de bibelots dignes
d'être achetés. Le tout vient du Soudan. On dit qu'il y a dans ce
pays des Tolba très instruits. Des relations amicales s'établissent
avec la population, qui a fait sa soumission. Mais des Touareg
ont été vus rôdant dans les environs et une patrouille de goumiers est envoyée à leur poursuite.

27 mars. — Départ à 5 h. 15 dans la direction de l'Aoulef.

Les spahis sahariens assurent le service d'exploration.

On emporte un jour et demi d'eau.

Même terrain plat et sablonneux que celui que l'on trouve
depuis Tit.

Vers 8 h. 30, on pénètre dans une dépression dont le sol est
mouvementé. Le sable y est mêlé à de petits cailloux.

Quelque végétation apparaît avec des touffes de palmiers. Il
doit y avoir de l'eau cachée dans ces sables, comme partout où
il y a de semblable verdure. C'est au pied d'une de ces touffes
d'arbres que C. Douls fut tué par ses guides, en 1889. L'endroit
est bien connu et le guide me le montre sans hésitation (oued
des « Tarfa »).

Au delà, quelques ondulations du sol, puis terrain absolument
plat de reg et hamada; absence complète de toute végétation,
tristesse absolue.

Arrivée au bivouac à 1 h. 15. Distance parcourue : 34 kilomètres environ. Pas de soleil. Vent d'Ouest léger tempérant la
chaleur. Le ciel est resté nuageux toute la journée.

Il n'y a ni eau, ni bois, ni pâturages. Je fais demander du bois
aux gens de l'Aoulef; en attendant qu'il arrive, on brûle les

planches des caisses à biscuit. Le goum, qui a formé l'arrière-garde, rejoint le bivouac dans la soirée, ramenant cinq Touaregs de ceux vus la veille à Akabli. Ce sont de grands nègres, maigres et osseux, à l'œil vif; armes ordinaires : un fusil à deux coups, une carabine française modèle 1829. Tenue en toile bleue; voile sur la figure.

Ce sont des gens pacifiques en apparence et je leur fais remettre une lettre pour leur chef, le Taïtok.

Types berbères.

Je désire voir leur visage et ils se découvrent avec difficulté; l'un d'eux se met à rire d'une façon telle que je demande des explications. On me répond que les obliger à se découvrir est aussi outrageant pour eux que d'obliger un Français à enlever sa culotte.

Ces gens secs et nerveux, à l'air intelligent, sont bien faits pour parcourir les routes du Sahara. Leurs méhara sont plus beaux que les nôtres.

28 mars. — Départ à 5 h. 20.

A 6 h. 20, arrivée à hauteur de l'oasis sud du district d'Aoulef dite « Aoulef Arab ». La colonne défile devant les casbahs et le ksar et va camper, à 7 h. 40, à l'est du ksar « Aoulef Cheurfa », entre les deux oasis. Eau abondante et excellente, amenée par les feggaguir. Pas de pâturages. Le bois est acheté dans l'oasis. Le temps est beau et la température douce. 42 kilomètres d'Akabli.

29 mars. — Séjour. Un brouillard épais couvre toute la plaine dans la matinée et s'étend sur les oasis. Mais, vers 8 heures, il se dissipe et bientôt il fait chaud. Le thermomètre marque 34 degrés à midi.

L'Aoulef, point de jonction du Tidikelt avec le Touat, est situé au pied de la falaise qui termine l'oasis inférieure du Bâten « Tadmaït »; les mamelons viennent jusqu'auprès du ksar Zouïët-Heïnoun. Il y a là de belles positions pour l'artillerie, et les casbahs ne sauraient tenir longtemps contre la mélinite. On dit que les Touareg, lors de leurs incursions, viennent se réunir et se reposer sur ces rochers où ils écrivent sans doute leurs noms et leurs inspirations avant ou après le combat, car on trouve des dessins d'animaux et de nombreuses inscriptions touareg sur les rochers qui dominent le ksar.

Cependant la ligne des redoutes d'Aoulef Arab est imposante et la meilleure de toutes. La casbah Omanet n'a rien à craindre de leurs attaques. Mêmes ordres religieux et mêmes sofs que dans les autres districts. Même population aussi, avec un plus grand nombre de Touaregs *imrad*, c'est-à-dire serfs. Ceux rencontrés pendant le trajet d'Akabli à l'Aoulef se sont dits « imrad du taïtok ».

Ce pays est plus riche que tous ceux que la colonne a parcourus jusqu'à ce jour. Il est aussi plus peuplé. Ce serait un beau centre de garnison pour une compagnie de sahariens.

Les jardins sont beaux, biens cultivés et bien arrosés. Les dattes sont abondantes et de bonne qualité, elles passent pour les meilleures du pays auprès des Arabes nomades et des Touareg. On y trouve, en outre, des abricotiers, pêchers, grenadiers, figuiers, etc., des légumes nombreux et variés.

On y cultive beaucoup de blé, d'orge et de bechena.

L'Aoulef forme trois groupes principaux :

Aoulef Cherfa, au Nord-Ouest.

Aoulef Arab, au Sud.

Timokten (place forte sur un mamelon), à l'Ouest.

Le ksar des Cherfa est le plus mal tenu. Celui de l'Aoulef Arab (Zaouïet-Heïnoun) est mieux construit et plus propre.

On y voit quelques magasins et l'on y rencontre des gens qui sont allés jusqu'à El Goléa, et qui en parlent avec plaisir. Cependant la population se tient sur ses gardes au début ; ce n'est que longtemps après l'arrivée que des relations commerciales s'établissent. On achète des couvertures, des armes. Les animaux sont toujours les mêmes, mais plus nombreux ; les ânes pullulent. Beaucoup de très petites poules, grosses comme des pigeons (c'est d'ailleurs la seule race connue dans tout le Tidikelt), et un nombre considérable de tourterelles sur les palmiers. Les indigènes respectent partout cet oiseau. Une reconnaissance d'officiers va à Timokten, que l'on aperçoit à une dizaine de kilomètres vers l'Ouest.

30 mars. — La colonne quitte l'Aoulef pour revenir par Tit sur In Rhar et In-Salah. Départ à 5 h. 20.

Un jour d'eau est emporté dans les tonnelets ainsi que du bois, car il n'y en a pas sur la route à suivre. Temps frais. Le vent, assez fort d'abord, augmente peu à peu et devient bientôt violent ; il ralentit la marche du convoi. Vers le Nord, la Gara borne l'horizon. On trouve beaucoup de pierres ovales (agates) colorées, et d'autres en forme de bois pétrifié, dont quelques unes très grosses. A distance on croit voir du bois mort.

Illusion : il n'y a rien pour cuire des aliments ; rien pour nourrir les chameaux, rien pour les abreuver. Triste pays !

Arrivée au bivouac à 11 h. 45.

Distance parcourue : 25 kilomètres.

Ni eau, ni bois, ni pâturages.

Température : 15 degrés, à 5 heures du matin ; 30 degrés 5 à 3 heures du soir.

Les sphahis sahariens poursuivent la marche jusqu'à Tit. Le goum couvre les derrières de la colonne et campe à 3 kilomètres à l'Ouest.

31 mars. — Départ à 5 h. 20.

Le vent d'Est, qui a soufflé toute la nuit, continue. Temps frais, il fait presque froid.

Vers 8 heures, le vent augmente de violence et projette au visage le sable qu'il soulève.

Type berbère.

On trouve beaucoup de « timchent », plâtre cuit au soleil, le long de la route.

Arrivée à Tit à 9 h. 30.

Distance parcourue : 17 kilomètres.

Au total : 42 kilomètres du pays d'Aoulef à Tit.

La section de la 9e compagnie, laissée à Tit, rallie la compagnie.

Le détachement de la 10ᵉ compagnie, lieutenant Courthiade, qui a amené d'In-Salah un convoi de vivres, rentre dans la colonne.

Température : 16 degrés à 5 heures du matin.

Les spahis sahariens et une section des tirailleurs sont désignés pour tenir garnison à Tit. Ils prennent possession de la casbah, dont il a été parlé précédemment. Leur rôle est de surveiller le pays et de chercher à établir des relations amicales avec les Touareg, qui fréquentent beaucoup ces parages.

La section, laissée en observation à Tit, en a recueilli deux égarés qui se rendaient dans le ksar, ignorant la présence des Français ; ils furent relâchés et renvoyés avec de bonnes paroles pour leurs compatriotes.

1ᵉʳ avril. — Départ pour In Rhar à 5 h. 10, avec un jour et demi d'eau. Temps assez froid, vent modéré de l'Est, sable. Le camp est installé dans le reg, près des pâturages (dh'oumran et terfas) assez bons. Bois. Pas d'eau ; on utilise les tonnelets. Distance parcourue : 22 kilomètres environ.

Température à 4 h. 1/2 du matin 13°,5 ; midi 25°,6.

2 avril. — Départ à 5 h. 10, temps froid.

Arrivée à In Rhar à 10 h. 1/2.

Distance parcourue : 20 kilomètres. Au total 42 kilomètres de Tit à In Rhar.

Bivouac sur l'emplacement occupé les 20, 21 et 22 mars. La compagnie des tirailleurs sahariens, qui doit rester en garnison à In Rhar, s'installe dans la casbah « Sebkha », dont il a été parlé plus haut. Beau temps, quelque peu froid le matin. Température à 5 h. du matin 10°,5 ; à midi 24 degrés. Pas de vent. Assez bons pâturages dans le rabah.

3 avril. — Séjour à In Rhar.

Vent violent avec tempête de sable à partir de 10 heures du matin et tout l'après-midi.

Le lieutenant Olivier, avec 25 hommes de la 9ᵉ compagnie, rejoint la colonne, amenant un convoi de vivres.

Température : 9 degrés à 6 heures du matin, et 28 degrés à midi.

4 avril. — Séjour à In Rhar.

Le vent continue, avec moins de violence toutefois. Il cesse le soir. La température se maintient douce et agréable.

5 avril. — Départ dans la direction d'In-Salah, à 5 h. 1/2 du matin, avec un jour et demi d'eau. Très beau temps, température douce. La sortie de l'oasis à travers la dune s'effectue heureusement, sans aucun souffle de vent, mais le convoi marche lentement. Ce n'est que sur le plateau qu'il peut serrer et prendre une bonne allure. On fait environ 28 kilomètres et l'on campe dans la plaine, à 1 h. 15.

6 avril. — Départ pour In-Salah à 5 h. 10.

A partir de 8 heures, le vent se lève du Nord avec violence et soulève du sable ; la marche se ralentit un peu. La colonne passe par Déramcha et arrive à 1 h. 1/2 à In-Salah.

Le bivouac est installé régulièrement à 400 mètres environ à l'est de la casbah des Badjouda, sur le plateau déjà décrit. Il est légèrement incliné vers l'Est, sans sable et facile à tenir propre.

Toutes les précautions hygiéniques sont prises pour maintenir en bon état la santé des hommes, qui a été satisfaisante pendant la marche ; seuls les artilleurs, laissés à In-Salah, ont des malades (fièvre typhoïde). La température est douce et les nuits sont fraîches. La colonne s'installe pour plusieurs jours, attendant les ordres du commandement pour la suite des opérations et le retour.

7 avril. — Séjour à In-Salah.

Organisation du camp et du service.

Travaux de propreté et autres.

Reconnaissance des bâtiments en vue de l'installation du matériel de l'hôpital de campagne et de la garnison d'été. Un détachement de 30 goumiers est envoyé à Hassi-Mouilok, pour garder ce puits et améliorer les moyens de puisage de l'eau.

Un poste, comprenant 1 brigadier et 4 cavaliers du 1er spahis, est installé en permanence à Aouïnet-Sissa, pour garder également ce point et améliorer ce puits.

Tous les chameaux maintenus pour le service de la colonne seront envoyés aux pâturages entre ces deux points. Il en sera commandé chaque jour un certain nombre pour apporter du bois au service du génie, qui doit cuire du plâtre pour l'aménagement du casernement.

8 avril. — Séjour.

Organisation des travaux d'aménagement à faire dans les bâtiments destinés à la garnison d'été d'In-Salah.

9 avril. — Séjour.

Continuation des travaux. Arrivée d'un convoi de vivres, sous le commandement du capitaine Bothamy, du 1er spahis, et de l'hôpital de campagne, sous la direction de M. le docteur Huguet, des hôpitaux de la division. Cet hôpital est aussitôt installé, aussi bien que possible, dans l'ancien casernement des tirailleurs sahariens, qui a été nettoyé et préparé d'avance pour cet usage.

10 et 11 avril. — Séjour. Rien de nouveau.

12 avril. — Embrigadement de 320 chameaux, destinés à porter des vivres à In Rhar aux sahariens, sous la conduite du capitaine Bezard, qui rejoint son escadron à Tit.

13 avril. — Départ du convoi pour In Rhar et Tit, avec les troupes sahariennes (tirailleurs et spahis). Le docteur Huguet, de l'hôpital militaire de campagne, part avec ce convoi pour ramener les blessés laissés à In Rhar.

Une escorte comprenant 1 sous-officier français, 1 caporal et 12 tirailleurs de la 9e compagnie, accompagne le convoi, pour amener ensuite les blessés et le matériel sur In-Salah.

Le détachement rentre le 16, sa mission terminée. Le commandant de la colonne reçoit l'ordre de rentrer à El Goléa, et de ramener dans ce poste le pacha de Timmi et les douze principaux chefs (kébar) pris avec lui à In Rhar ; ces prisonniers seront escortés par la cavalerie.

20 avril. — A la date du 20 avril, la colonne se scinde d'abord en deux fractions :

1° Troupes destinées à former la garnison d'été d'In-Salah.

2° Troupes devant remonter vers le Nord,

Ci-joint la situation d'effectif et de répartition de ces deux fractions.

1° *Troupes laissées à In-Salah.*

CORPS OU SERVICES.	EFFECTIFS.			OBSERVATIONS.
	OFFICIERS.	TROUPE.	CHEVAUX ET MULETS.	
2° bataillon d'infanterie légère d'Afrique, 4° compagnie.....	1	50	»	(1) Y compris le train, 1 ch. (2) Y compris 12 mulets du train.
1er tirailleurs algériens, 9° compagnie..................	4	177	1	
Artillerie...................	»	14	»	
Génie......................	»	2	»	
Hôpital de campagne.........	3	26 (1)	15 (2)	
Services administratifs........	1	16	1	
Bureau arabe...............	5	»	6	
TOTAUX........	14	285	23	

2° *Troupes quittant In-Salah.*

COLONNE.

CORPS ET SERVICES.	1er GROUPE (1).			2° GROUPE.			3° GROUPE.			OBSERVATIONS.
	OFFICIERS.	TROUPE.	CHEVAUX ET MULETS.	OFFICIERS.	TROUPE.	CHEVAUX ET MULETS.	OFFICIERS.	TROUPE.	CHEVAUX ET MULETS.	
Etat-major de la colonne.	»	»	»	3	2	5	1	»	1	
2° bataillon d'Afrique, 9° compagnie........	»	»	»	3	116	1	»	«	»	
1er tirailleurs algériens, 10° compagnie......	»	»	»	4	117	5	2	77	1	
1er spahis algériens.....	2	40	45	»	6	7	1	10	13	
Artillerie...........	»	»	»	1	25	13	»	»	»	
Génie...............	»	»	»	2	13	7	»	5	1	
Ambulance...,......	1	»	1	2	24	12	»	1	2	
Services administratifs..	»	»	»	»	2	»	»	»	»	
Bureau topographique...	»	»	»	»	»	»	2	2	4	
Bureau arabe.........	»	»	»	»	»	»	»	»	»	
TOTAL.....	3	40	46	15	302	50	6	95	22	

(1) Comme antérieurement, en vue de faciliter la traversée du Tadmaït, la colonne principale est divisée en trois groupes.

RETOUR DE LA COLONNE SUR EL GOLÉA

ORDRE DE MARCHE.

20 avril. — La colonne quittera In-Salah pour rentrer à El Goléa, les 21 et 22 avril en trois groupes, passant : les deux premiers par la route ordinaire, l'autre par la route d'Afflissés.

A. Le premier groupe (spahis) partira le 21 avril.

Il comprendra : 4 officiers, dont 1 médecin, et 40 cavaliers du 1er spahis, le pacha de Timmi et 12 kebar prisonniers.

Le capitaine de Boërio commandera le détachement. Les chameaux pour les bagages, vivres et prisonniers, lui seront remis cet après-midi.

L'itinéraire, par Hassi Mongar, Aïn El Guettara, Djelguem, Miribel, etc., sera établi de façon à arriver le 6 mai à El Goléa, en faisant séjour à Djelguem et à Miribel pour y prendre de l'eau et faire boire convenablement tous les animaux.

Le chef de détachement donnera les ordres de détail et s'entendra avec le commandant supérieur pour la mise en route des prisonniers et leur nourriture jusqu'à El Goléa. Il lui est remis une liste des prisonniers.

Liste des Kébar dirigés sur El Goléa.

1° *Si Ed Driss ben El Kouri*, originaire de Fez. D'abord incorporé dans le Magh'zen du sultan, il fut nommé par la suite caïd dans le Tafilalet. Depuis quatre années, il dirigeait et administrait le sof Hamet au Touat, au nom du gouvernement marocain ; sa résidence se trouvait à Adrar dans le district de Timmi ;

2° *El Hadj Ahmed Ouled El Hadj El Arbi*, kébir des Oulad Ba Talha (Oulad Zennane), originaire de l'Aoulef-Arab ;

3° *El Hadj Mohammed Salem Ould Mohammed*, originaire de Timokten, kébir des Oulad Yahia cantonnés à Timokten (Aoulef) ;

4° *Ahmed ben Mohammed*, originaire de l'Aoulef-Arab, kébir de la fraction des Ouled Zennane ;

5° *El Hadj Amiran ben Slimane*, d'In Zeguir (Touat). Influent par sa richesse;

6° *Ahmed ben Abd Er Rahmane*, de Timmi. Influent par sa fortune (Touat);

7° *Mohammed Ould El Hadj M'barek*, originaire de Timmi. Influent par sa richesse;

8° *Ba Salem bel el Hadj M'hammed*, originaire de Timmi. Influent par sa richesse;

9° *Abdallah Ould Ba Seddik*, originaire de Timmi. Influent par sa fortune;

10° *Abd Er Rahmane ben Sidi Mohammed*, originaire de Sali. Fils du principal kébir de ce district;

11° *Mohammed ben M'hammed*, originaire de Fez, accompagna Si Ed Dris ben El Kouri à Timmi en qualité de mokhzani;

12° *Hadj Mohammed ben Barka*, originaire de Titaf (Touat). Influent par sa richesse;

13° *El Mohammed Ould Abd El Kader*, originaire d'In Rhar, comptant parmi les notables de ce district.

Kébar maintenus à In-Salah.

1° *Abd El Kader Ould Mohammed*, kébir des Ouled Jaïch, Oulad Zennane, originaire de l'Aoulef El Arab;

2° *Bankhari ben El Kaïd*, originaire de l'Aoulef;

3° *Abd Er Rahmane ben Mohammed*, originaire de Tit. Compte parmi les notables des M'rabetines;

4° *Hadj Ahmed ben Mohammed*, originaire du Maroc;

5° *Cheikh ben Seddick*, originaire d'In Rhar;

6° *El Hadj Ahmed ben Mohammed*, kébir des Oulad Hadega (ahl azzi d'In Rhar), originaire d'In Rhar;

7° *Mohammed ben Abd Es Selam*, originaire d'In Rhar. Compte parmi les notables des ahl azzi d'In Rhar;

8° *El Hadj Abd El Kader ben Moussa*, iman d'In Rhar.

B. Le deuxième groupe comprendra :

Trois sections de la 4° compagnie du bataillon d'Afrique;

La 10° compagnie de tirailleurs;

Le génie en entier;

L'artillerie (moins 1 brigadier et 11 hommes, ainsi que les pièces et les munitions laissées à In-Salah);

L'ambulance de l'administration.

Il quittera In-Salah le 22 avril et suivra la route ordinaire.

Ce groupe emportera 4 jours d'eau, 15 jours de vivres, 20 kilogrammes d'orge par chameau et de la farine pour les sokhars.

C. Le troisième groupe prendra la route nouvelle d'Afflissés, dont il fera la reconnaissance. Il emportera 4 jours d'eau, 20 jours de vivres, 4 kilogrammes d'orge par chameau et de la farine pour les sokhars.

Ce groupe comprendra au total : 6 officiers, 95 hommes de troupe, 22 chevaux ou mulets.

21 avril. — Départ de la cavalerie, qui va camper à Igosten. Le détachement part à 1 h. 1/2. La marche est lente et pénible à cause des animaux fatigués, dont 7 meurent en route et 30 restent en arrière A l'arrivée à Igosten à 10 h. 50, après 18 kilomètres de marche, le camp est dressé, la tente des prisonniers est établie à 50 mètres en avant de la première face et gardée par 12 cavaliers et un brigadier commandés par un sous-officier ; les mêmes dispositions pour la garde des prisonniers seront prises pendant toute la route.

Les 30 chameaux restés en arrière arrivent dans la soirée. Il est fait une distribution de 3 kilogrammes d'orge par chameau.

Eau excellente et abondante, ueu de bois (branches de palmiers), pas de pâturages.

22 avril. — *Colonne du Tidikelt.* — Les 1er et 2e groupes de la colonne suivent la route prise à l'aller, dont l'itinéraire a déjà été fourni. Il n'y a pas lieu d'y revenir en détail. Seule la route suivie par le 3e groupe est intéressante à connaître.

Départ d'In-Salah à 5 heures. Arrivée à Igosten à 9 h. 20. Vent qui gêne la marche, 16 kilomètres. Eau en abondance.

Détachement d'Afflissés. — Départ d'In-Salah à 5 heures du matin. Arrivée à Aouïnet-Sissa à 9 h. 20 (en passant par le village des M'rabtin).

L'état général de la route est connu : dunes, au départ, pendant 2 kilomètres et terrain de sebk'a recouvert de sable ; les pistes sont peu marquées. On arrive ainsi à Aouïnet-Sissa, où l'eau est bonne mais peu abondante ; les hommes remplissent leurs petits bidons au puits aménagé par les spahis, campés naguère en ce point pour la protection des chameaux. Arrivée au camp à 11 heures. Distance parcourue : 24 kilomètres.

Cavalerie. — Marche sur Foggaret-ez-Zoua. Départ à 5 heures. Arrivée à midi. Distance parcourue : 26 kilomètres. Eau excellente et en abondance; peu de bois. Les tonnelets sont remplis, et le détachement emporte deux jours d'eau.

2 kilogrammes d'orge sont distribués par chameau.

23 avril. — *Colonne du Tidikelt.* — Départ d'Igosten à 4 h. 40. Arrivée à Foggaret-ez-Zoua à 11 h. 25; distance parcourue : 26 kilomètres.

Le vent continue à souffler. Eau en abondance ; les tonnelets sont remplis pour quatre jours.

Détachement d'Afflissés. — Départ à 4 h. 45. Arrivée à Hassi-Mouïlok à 7 h. 25 du matin.

La colonne quitte le terrain de pâturages après 1 kilomètre de marche et parcourt, durant trois heures, un sol de reg dépourvu de toute végétation. On marche ensuite sur un reg sablonneux, coupé de petites dunes, renfermant du dh'oumran et du terfa.

Le camp est installé au puits d'Hassi-Mouïlok, à proximité des pâturages. Le puits d'Hassi-Mouïlok a 2 mèt. 20 de profondeur totale ; la hauteur de l'eau y est de 0 mèt. 60 ; il est cloisonné grossièrement avec du terfa, mais dépourvu de margelle. L'eau y est très abondante ; les 145 chameaux du convoi et les 75 moutons du troupeau sont abreuvés rapidement sans que le niveau baisse de plus de 0 mèt. 10.

Les sapeurs du génie creusent, à 0 mèt. 50 plus loin, un second puits ; ce travail dure cinq heures. L'eau est trouvée à 1 mèt. 60; le sol, facile à enlever tout d'abord, devient dur à partir de 1 mèt. 30 de profondeur.

Bois et pâturages très abondants autour du camp. Distance parcourue : 10 kilom. 500.

Cavalerie. — Marche sur Hassi-el-Mongar. Départ à 3 h. 45. Arrivée à 2 heures. Distance parcourue : 37 kilomètres.

L'eau des tonnelets n'est pas employée, le puits en fournit suffisamment pour les hommes et les chevaux. Trois chameaux restent en arrière et meurent pendant la route. Il est fait une distribution d'orge de 2 kilogrammes par chameau.

24 avril. — *Colonne du Tidikelt.* — Départ de Foggaret à 4 heures du matin. Arrivée à Hassi-Mongar à 2 heures du soir.

Distance parcourue : 37 kilomètres. Bonne marche. Route facile. Le puits fournit de l'eau dès l'arrivée, car on a eu soin d'y envoyer des puisatiers indigènes d'avance pour le nettoyer et tirer l'eau.

Détachement d'Afflissés.—Départ d'Hassi-Mouïlok à 3 heures. Pendant les deux premiers kilomètres, la colonne se déroule sur un terrain de reg couvert de sable assez fin ; la végétation est abondante (bois en grande quantité et pâturages). Au delà, le Bâten borne l'horizon à 2 ou 3 kilomètres ; à l'ouest, vaste espace découvert, borné au loin par des garas recouverts de sable. Ni bois, ni pâturages, ni eau, c'est le nu absolu. Pistes peu marquées et indiquées seulement de place en place. La colonne est arrêtée à midi, et le camp installé en terrain de reg en un point sans nom, entre Hassi-Mouïlok et la tête du Maader. Distance parcourue : 29 kilomètres. Temps chaud à partir de 10 heures. Vent du Sud-Ouest soulevant le sable à partir de midi. Le vent cesse le soir.

Cavalerie.— Marche sur l'Oued El-Abiodh. Départ à 5 heures. Arrivée à 1 h. 45. Distance parcourue : 32 kilomètres. Pas d'eau. Bois en quantité. Un peu de pâturages. Il est fait une distribution d'orge de 1 kilogr. 500 par chameau. Une journée d'eau est consommée.

25 avril. — *Colonne du Tidikelt.* — Départ d'Hassi-Mongar à 4 h. 20. Arrivée à l'Oued El-Abiodh à 11 h. 30. Bonne marche, terrain facile. Distance parcourue : 28 kilomètres. On campe dans une daya. Ne pas s'étonner si, tout en campant dans l'Oued El-Abiodh, la colonne n'a fait que 28 kilomètres, lorsque la veille, campant également dans la même rivière ou vallée et partie du même point, la cavalerie en a fait 32. Cela provient de ce que, dans ce désert, les gîtes d'étapes ne sont pas bien indiqués, et il est rare que les colonnes successives bivouaquent au même endroit. L'oued est vaste, la plaine aussi, et bien que portant le même nom, il y a souvent une différence sensible dans les gîtes d'étape, à moins de camper en un point d'eau fixé et bien déterminé.

Détachement d'Afflissés.— Départ à 3 h. 30. La marche s'exécute, comme la veille, sur un terrain de reg favorable.

Le plateau, toujours très étendu, est limité à l'Est par la

Hamada; vers l'Ouest, il paraît sans limites. Au Nord, dans le lointain, on aperçoit un kef du Mongar durant plusieurs heures.

Vers 8 h. 45, le terrain présente quelques difficultés ; on voit quelques rares touffes de dh'oumran, mais elles disparaissent bientôt et le terrain redevient nu. Vers 10 heures, on pénètre dans l'Oued Souf. Marche facile. A midi 10, la colonne s'arrête et campe au milieu de l'oued, près d'un « talha » ou goumier rabougri, du genre de ceux qu'on trouve abondamment au Sénégal, mais beaucoup moins volumineux.

Distance parcourue : 30 kilom. 500.

Le pâturage commence à apparaître au nord du camp. Bois en quantité suffisante. Pas d'eau.

Cavalerie. — Départ à 4 h. 1/2. Arrivé à Aïn El Guettara, le détachement constate que les sources ont été vidées par un convoi venant du Nord, lequel a quitté Aïn El Guettara deux heures avant son arrivée. Elle poursuit alors sa marche jusqu'à Tilmas-Chebbaba (Oued Moussa ben Yaïch), où le camp est installé près des puits nouveaux.

L'eau est abondante et très bonne. Pâturages et bois en grande quantité.

26 avril. — *Colonne du Tidikelt.* — Départ d'Oued El-Abiodh à 4 h. 25. Arrivée à Aïn El Guettara à 12 h. 30. Distance parcourue 27 à 28 kilomètres. Pas d'eau. On campe sur les bords de l'oued.

Détachement d'Afflissés. — Départ du bivouac à 4 h. 30.

Afin de permettre aux chameaux qui n'ont pu pâturer depuis 36 heures de se refaire, la colonne fait un léger détour et appuie vers l'Est de 2 kilomètres environ ; on trouve alors de bons pâturages tout le long de la route. Marche lente, bois en quantité suffisante.

Une équipe légère, conduite par M. le lieutenant Martial, et composée de 5 sapeurs du génie, des 2 mulets du train, de 4 spahis et de 4 sokhars, devance la colonne pour organiser les tilmas de l'Oued Souf et faire des prises d'eau praticables. La colonne arrive à Mader-Souf à 11 heures ; mais il n'y a plus une goutte d'eau dans les tilmas qui, deux mois et demi auparavant, étaient remplis de plus de 20 mètres cubes.

C'est en vain que les sapeurs approfondissent le trou, qui

atteint déjà 4 mètres de profondeur. Heureusement la colonne dispose d'un jour d'eau de réserve emportée dans les tonnelets.

A 2 h. 15 de l'après-midi, le lieutenant Martial quitte le bivouac pour se rendre avec l'équipe légère à la source d'Aïn-Souf.

Il emmène, en outre, 20 chameaux portant les 60 tonnelets vides, le troupeau et 15 chevaux qui boiront à Aïn-Souf, la moité de l'eau de réserve étant conservée pour la journée du lendemain.

A 5 heures, arrivée de l'équipe légère à Aïn-Souf ; les chameaux porteurs des tonnelets n'y parviennent qu'un peu avant le coucher du soleil. Vingt tonnelets d'eau sont recueillis immédiatement ; les hommes et les sokhars reçoivent de l'eau et les chevaux et moutons sont abreuvés. L'eau sort assez abondamment par deux fissures du sol ; il est probable que pendant la nuit on pourra remplir encore 20 tonnelets et avoir ainsi de l'eau en quantité suffisante pour continuer la route sur Oued Afflissés.

Compte rendu est adressé au capitaine commandant qui le reçoit à 11 h. 15 de nuit.

Bois et pâturages très abondants. Ordre est donné aux sokhars de couper du drinn pour les étapes suivantes où il n'en existe pas.

Cavalerie. — Marche sur la Daya El Hadj Brahïm. Départ à 5 heures. Arrivée à 11 h. 1/2. Le camp est établi en un endroit situé entre l'Oued Tilemsine et l'Oued El-Abiodh, à 30 kilomètres du point de départ ; on y trouve quelques ressources en bois et pâturages. Mais il n'y a pas d'eau et l'on consomme celle des tonnelets.

27 avril. — *Colonne du Tidikelt.* — Départ d'Aïn El Guettara à 4 h. 50. Arrivée à l'Oued Moussa ben Yaïch à 11 h. 30, route particulièrement lente et difficile par suite de la montée du col de Guettara.

Distance parcourue : 17 kilomètres. Eau dans les tilmas creusés d'avance. Ces tilmas sont ceux désignés sous le nom de Hassi Chebaba. Il y a beaucoup d'eau que l'on a découverte en creusant le fond de l'oued, depuis le passage de la colonne à l'aller. Violent sirocco.

Détachement d'Afflissés. — Départ des tilmas de l'Oued Souf à 4 h. 45. A 5 h. 15, on arrive à l'entrée des gorges du défilé d'Aïn-Souf ; le sol devient très accidenté et couvert de grosses pierres. Les pistes sont bien marquées, mais les chameaux ne peuvent et ne doivent s'en écarter par crainte d'accident et aussi à cause des difficultés du terrain.

Le défilé est cependant moins ardu que celui d'Aïn Guettara ; il est aussi plus large.

Arrivée à Aïn-Souf à 8 heures. Distance parcourue : 12 kilomètres. Bivouaqué aux abords de la source d'Aïn-Souf, qui est dominée, à l'Ouest et à l'Est, par des sommets de 50 mètres de hauteur.

Les sapeurs du génie ont travaillé une partie de la nuit et toute la matinée pour déblayer la source, du fond de laquelle ils ont extrait plus d'un mètre cube de détritus. On met en réserve deux jours d'eau dans les tonnelets. Le débit de la source commence à baisser sensiblement à partir de midi ; vers 6 heures du soir, il n'est plus que de 120 litres par heure.

Les chameaux sont abreuvés en partie seulement, et malgré que l'opération se continue pendant toute la nuit, il est impossible de donner à boire à tous.

Cavalerie. — Marche sur Tilmas Ferkla. Départ à 5 heures. Arrivée à 1 heure. Eau en abondance, prise dans un puits nouvellement construit par des hommes du 2e bataillon d'Afrique. Ce puits est maçonné et recouvert d'une coupole ; l'eau est bonne ; bois et pâturages.

28 avril. — *Colonne du Tidikelt.* — Départ d'Oued Moussa ben Yaïch (Hassi Chebaba) à 4 h. 45. Arrivée à 11 h. 15. Campé dans l'Oued Tilemsine. Violent sirocco. Route difficile.

Détachement d'Afflissés. — L'équipe légère, organisée l'avant-veille pour le service de l'eau, part et double l'étape ; elle se rend à l'Oued Afflissés pour organiser un rhedir signalé par le guide comme existant à 8 kilomètres à l'est du chemin à suivre. Le guide, dont la famille est campée à Tilmas Souf, a affirmé avoir abreuvé 35 chameaux dans ce rhedir, il y a 6 jours.

A 5 h. 45, départ de la colonne.

A 500 mètres au nord d'Aïn-Souf, commence l'ascension du Bâten, dont les escarpements sont à pentes très raides, comme à Aïn El Guettara. Il faut une heure et demie pour grimper de la source au plateau et faire un trajet de 1 kilom. 200 à peine.

Au delà, les pistes sont bien marquées, sur un terrain de

hamada couvert de pierres noires; le sol est plat de tous les côtés jusqu'aux limites de l'horizon. La vue est sans bornes.

Aucune trace de végétation.

La colonne s'arrête à 11 h. 40 et campe en pleine hamada sur un sol favorable pour dresser les tentes. Ni eau, ni bois, ni pâturages. Vent du Sud-Ouest très chaud à partir de 10 heures; il devient plus violent au moment de l'installation du camp, et tourne à la tempête.

Température 41°.

Les sokhars reçoivent chacun 3/4 de litre d'eau.

Vers 9 heures du soir, nouvelle distribution d'eau. On en garde un peu pour la journée du lendemain, afin de pouvoir encore en distribuer aux sokhars. Il faut, en effet, ne leur délivrer l'eau qu'en petite quantité et en plusieurs fois, ces gens là buvant de suite toute l'eau qui leur est attribuée, sans souci du lendemain.

Cavalerie. — Marche sur l'Oued Gouzmauzzong. Départ à 4 h. 1/2. Arrivée à 2 h. 1/2 après une marche de 30 kilomètres. Un sous-officier avec l'équipage d'eau a été envoyé en avant, à 2 h.1/2, à Tilmas Djelguen pour y remplir les tonnelets. Le convoi les prend en passant. Bois aux environs. Pas de pâturages. Pas d'eau ; une journée de la réserve est consommée.

29 avril. — *Colonne du Tidikelt.* — Départ de l'Oued Tilemsine à 4 h. 45. Arrivée à Ferkla à 12 h. 15.

Le puits qu'un détachement de 2e bataillon d'Afrique a creusé et maçonné, depuis le premier passage de la colonne, donne de bonne eau.

L'appareil Pithoy est installé à côté, il fonctionne bien, et le remplissage des tonnelets s'effectue facilement. Violent sirocco.

Dès l'arrivée nous apprenons la mort, de fatigue et surtout de soif, de deux hommes du bataillon d'Afrique : 1 caporal et 1 soldat. Tous deux étaient partis à la chasse des ânes sauvages, ils se sont égarés dans ces hamada où tout se ressemble, où aucun point particulier, si l'on n'y prend garde, ne peut servir de signal ou de repère.

On ne retrouva leurs cadavres que quelques jours plus tard, sur la piste conduisant à Hassi Inifel, à une cinquantaine de kilomètres de Djelguen, leur point de départ.

On trouve, en effet, des troupeaux d'ânes sauvages sur les
sommets et hauts plateaux au delà des berges nues et arides de
l'Oued Mya. Ces animaux sont abandonnées en toute liberté, dans
le voisinage de ce point d'eau, par leurs propriétaires; ils
deviennent très sauvages et il est difficile de les atteindre dans
la « hamada ». Ils broutent l'herbe des oueds et torrents et ils
viennent s'abreuver aux tilmas de Ferkla et de Djelguem (Oued
Mya). C'est là que les propriétaires viennent les reprendre quand
ils en ont besoin.

Puits de Ferkla.

Les hommes du bataillon d'Afrique avaient négligé la première
des précautions à prendre dans ce pays : s'orienter.

Détachement d'Afflissés. — Départ à 3 heures. La hamada
reste la même que la veille avec des pistes bien marquées.
A 6 h. 15 on descend dans un chabet accidenté, conduisant en
2 heures de marche à l'Oued d'Afflissés, où la colonne arrive
à 8 h. 15.

Le lit de l'oued contient du bois et un peu de pâturages. Les
pistes deviennent moins apparentes, elles cessent même quelque-

fois ; la marche des cnameaux est un peu pénible, à cause des pierres. A 8 h. 15 au confluent du Chabet avec l'Oued Afflissés, le Medjebed tourne à l'Est, pour suivre le lit de l'Oued Afflissés et gagner le rhedir aménagé par l'équipe légère dont il a été parlé ci-dessus.

Le chemin semé de grosses pierres est difficile.

A 10 h. 15, arrivée au rhedir de l'Oued Afflissés. Le camp est installé près de l'eau, sur la berge, élevée de 3 mètres environ. On peut évaluer à 2^m, 300 l'eau recueillie dans les trous creusés dans le sable du tilmas. Les chameaux sont très fatigués ; le commandant décide que la colonne passera la journée du lendemain au rhedir de manière à leur permettre de se reposer et de pâturer. Il y a là, en effet, des pâturages suffisants et du bois.

Cavalerie. — Marche sur Tabaloulet. Départ à 4 heures. Arrivée à 12 h. 1/2. Distance parcourue 30 kilomètres. Pas d'eau ; un peu de pâturages et du bois. La deuxième journée d'eau des tonnelets est consommée.

30 avril. — *Colonne du Tidikelt*. — Séjour à Ferkla. Vent violent toute la journée. Un sokhar meurt et est enterré par ses camarades ; on le traite en soldat et une délégation de troupe assiste aux obsèques. Les sokhars sont touchés de cette marque d'attention.

Détachement d'Afflissés. — Séjour à l'Oued Afflissés. Malgré tous les travaux exécutés (5 puits), il n'est pas possible de donner à boire à tous les chameaux qui cependant n'ont pas été abreuvés depuis le 23 avril à Hassi Mouïlok, soit 8 jours. Heureusement que la température n'est pas très élevée et qu'il y a des pâturages verts.

Les renseignements recueillis sont unanimes pour assurer l'existence d'une grande quantité d'eau à l'Oued El Ardrek et à Khez Reg. La colonne devait se remettre en marche à 5 heures du soir dans le but de couper l'étape du lendemain, trop longue ; mais à 4 h. 30 le vent du Sud-Ouest souffle avec violence et soulève des nuages de poussière qui empêchent le départ.

La colonne reste en place malgré la pénurie de l'eau.

Cavalerie. — Marche sur Fort-Miribel. Départ à 4 heures. Arrivée à 1 h. 1/2, 36 kilomètres. A Fort-Miribel l'on se repose et l'on boit ; c'est la civilisation : tout est relatif.

1er mai. — *Colonne du Tidikelt.* — Départ de Ferkla à 4 h. 50. Arrivée à Tilmas Djelguem à 6 h. 50, 7 kilomètres. On campe en ce point.

Petite étape, afin de laisser reposer et paître les chameaux. Le sirocco, du reste, oblige à ne pas aller trop vite, et puis la colonne n'avait pas fait séjour à Hassi-Mongar faute d'eau dans le puits pour tout le monde ; il n'y a donc pas de temps perdu. Eau abondante à Djelguem. Vent d'une violence extrême. Sirocco ardent.

Détachement d'Afflissés. — Départ de l'Oued Afflissés à 4 h. 45. L'équipe légère devance la colonne d'une heure, pour organiser les prises d'eau.

La colonne s'avance sur la hamada pierreuse et dénudée. Vers 7 heures, elle rejoint les pistes bien marquées de l'Oued Afflissés à El Adrek, pistes qui conduisent jusqu'au gîte d'étape. Vers 9 heures le vent du Sud-Sud-Ouest souffle avec une violence de plus en plus forte qui soulève des nuages de sable. Heureusement ce vent vient d'arrière et n'entrave pas trop la marche qui a lieu dans la direction du Nord. Grand'halte et café vers 11 heures.

Le vent cesse dans la soirée.

On arrive à Aïn El Adrek à 1 h. 15, après avoir fait 32 à 33 kilomètres environ.

Campé dans l'Oued El Adrek au nord et à 30 mètres des sources sur un terrain sablonneux et bon. Il y a là deux bonnes sources. La source inférieure, qui renferme environ $2^m,35$ d'eau légèrement magnésienne, est employée au remplissage des tonnelets.

L'eau (500 litres) que ceux-ci contiennent encore est donnée aux chameaux en raison de son état de malpropreté. Le puits est nettoyé à fonds par les sokhars pour permettre à l'eau de monter pendant la nuit et de remplir le puits. Son extraction sera plus facile le lendemain matin. La source supérieure, située à 30 mètres de la première, donne une eau très magnésienne et moins abondante : elle est attribuée à l'abreuvage des chameaux qui n'ont pu boire depuis Hassi Mouïlok. Les sokhars nettoient et approfondissent également cette source.

En outre, quatre puits sont creusés par les sapeurs et les sokhars dans la partie basse du lit de l'oued ; l'eau apparaît à 0^m,60 du sol, mais le débit est insuffisant et l'eau très magnésienne.

Bois et pâturages en assez grande quantité aux abords du camp.

Cavalerie. -- Séjour à Fort-Miribel. Remplissage des tonnelets pour une consommation de deux jours.

2 mai. — *Colonne du Tidikelt.* — Départ de Tilmas Djelguem à 4 heures. Arrivée à Oued El Hadj Brahim vers midi.

Beau temps, 26 kilomètres.

Bonne route dans l'Oued Mya.

Bois et pâturages. Pas d'eau.

Détachement d'Afflissés. — Séjour à Aïn El Adrek. Les chameaux sont tous abreuvés dans la journée. L'équipe légère, sous les ordres du lieutenant Martial, quitte El Adrek à 5 heures du matin pour se rendre à Krez Reg où le guide affirme l'existence de puits très abondants. A 7 heures 1/2 du soir, le capitaine reçoit un compte rendu faisant connaître qu'il existe en effet, dans l'Oued Krez Reg, deux puits situés à 50 mètres l'un de l'autre : le premier est comblé; le second, profond de 2^m,35, donne plus de 500 litres à l'heure d'eau très bonne.

Cavalerie. — Marche sur Hassi Saret, 29 kilomètres. Départ à 5 heures. Arrivée à 10 heures 50.

L'eau du puits est corrompue ; une journée d'eau est consommée. Un peu de bois et de pâturages dans la direction sud-ouest de l'Oued Saret.

3 mai. — *Colonne du Tidikelt.* — Départ d'Oued El Hadj Brahim à 4. 45. Arrivée à Oued Rethmaïa à midi, 25 kilomètres.
Route mauvaise. Quelques pâturages, un peu de bois, pas d'eau. Le bivouac est bien situé, dans une espèce de daya assez unie, facile à garder et à défendre, en même temps que très bonne pour l'installation des tentes. C'est un endroit à recommander pour l'avenir.

La température s'est adoucie fort heureusement et le vent est frais. C'est ainsi sans cesse, à n'importe quelle époque de l'année, sauf en été. On passe sans transition du chaud au froid, de 42° le jour à 5 ou 6° la nuit. Ainsi, la nuit est particulièrement froide, tandis qu'il y a trois jours la chaleur empêchait de dormir. Il faut prendre sans cesse des précautions hygiéniques dans ces parages.

Détachement d'Afflissés. — Départ pour l'Oued Krez Reg à 4 h. 45. Temps frais, vent du Nord-Est favorable à la marche. Les pistes bien tracées suivent les pentes de l'Oued El Adrek dont la vallée s'élargit peu à peu et finit par atteindre 2 kilomètres environ. Il est 8 h. 1/2.

Quelques pâturages se trouvent en cours de route. A l'Ouest et à l'Est le Bâten borne l'horizon, à 30 kilomètres de distance environ.

Vers 11 heures, descente dans l'Oued Krez Reg dont les berges dominent le lit de 8 à 10 mètres La colonne suit le lit de l'oued, et à 1 h. 15 le camp est installé près des puits; bon terrain de bivouac.

Distance parcourue, 32 à 33 kilomètres.

Le puits inférieur est attribué au remplissage des tonnelets. Il fournit 500 litres à l'heure et cela pendant 9 heures consécutives sans que l'on constate de diminution dans le débit. Le puits supérieur, qui a été curé par les sokhars, sous la direction des sapeurs du génie, est affecté à l'abreuvage des chevaux et des chameaux.

Bois et pâturages abondants autour du bivouac.

Cavalerie. — Marche sur Meksa. Départ à 4 h. 1/2. Arrivée à Meksa à 10 heures. Le détachement s'arrête momentanément en ce point pour permettre le remplissage des tonnelets, puis il va camper à 10 kilomètres plus loin sur la hamada. Arrivée à 1 h. 1/2, 35 kilomètres de marche. Pas d'eau. Pâturages aux environs. Bois.

4 mai. — *Colonne du Tidikelt.* — Départ de l'Oued Rethmaïa à 4 h. 30. Arrivée à l'Oued El Far à 2 heures, 28 kilomètres. Un peu de bois, Pas d'eau. Bon terrain de campement.

Détachement d'Afflissés. — Départ de l'Oued Krez Reg à 4 h. 45 du matin. Temps frais, vent du Nord-Est.

Le passage pour franchir la berge nord-est de l'Oued Krez Reg est difficile et il faut 45 minutes pour faire passer les 105 chameaux du convoi.

Les pistes, mal marquées, se prolongent sur un terrain pierreux et difficile. Ce n'est qu'après 8 kilomètres de marche que l'on rencontre un terrain de reg favorable.

Quelques pâturages en cours de route.

A midi 15, la colonne est arrêtée et le bivouac installé dans l'Oued El Khecheba, sur un terrain sablonneux.

Bois et pâturages à proximité du camp. Pas d'eau. Distance parcourue, 24 kilomètres environ.

Un sokhar meurt dans la soirée ; il est enterré le lendemain avant le départ.

Cavalerie. — Marche sur Maroket.

Départ à 4 h. 1/2. Arrivée à 11 heures, après 24 kilomètres de marche. Le puits n'a pas d'eau ; celle des tonnelets est utilisée. Bois et pâturages en abondance.

5 mai. — *Colonne du Tidikelt.* — Départ de l'Oued Far à 4 h. 30 ; arrivée à Fort-Miribel à 9 h. 30 ; 19 kilomètres. Bonne route, sauf la descente dans l'Oued Chebaba, qui est fort mauvaise.

Détachement d'Afflissés. — Départ de l'Oued El Khecheba à 4 h. 1/2 ; en quittant l'oued, au sortir du bivouac, on débouche sur un plateau couvert de gravier fin, excellent pour la marche.

Les pistes, peu nombreuses, ne sont marquées que de temps à autre. La marche a lieu dans la direction du Nord-Est ; l'on trouve des pâturages en cours de route, dans les bas-fonds, dont les plantes principales sont le « guezzah », que les chameaux mangent quand ils ont faim, et le « lelma ».

Vers 6 h. 40, on entre dans un terrain de reg couvert de pierres noires.

Vers l'Est, on aperçoit la garet ben Aouïssa, qui domine l'horizon. On arrive à sa hauteur vers 10 heures du matin. De la garet ben Aouïssa partent une série d'oueds (ouidian), orientés généralement du Sud-Est au Nord-Ouest, qu'on coupe à peu près normalement et qui sont couverts d'une végétation abondante. On rencontre aussi des pistes nombreuses et bien marquées conduisant d'Aïn El Adrek dans la direction de Ras El Erg, en passant par la garet ben Aouïssa. Il souffle un vent d'Est favorable à la marche. La colonne est arrêtée à midi 15 et le bivouac est installé sur un terrain de reg excellent. Bois et pâturages à proximité. Pas d'eau. Distance parcourue : 28 kilomètres.

Cavalerie. — Marche sur El Okseïbat. Départ à 4 h. 1/2. Arrivée à 10 heures, après 21 kilomètres de marche.

Pendant la marche, deux chameaux, dont un piqué par une vipère à corne, meurent. Le camp est établi sur un plateau, à proximité des deux puits.

Eau excellente. Bois et pâturages en abondance.

6 mai. — *Colonne du Tidikelt.* — Séjour à Fort-Miribel. La température est élevée ; on se repose.

Détachement d'Afflissés. — Départ à 3 h. 30. Le terrain de reg continue et les pistes se poursuivent, en coupant de nombreux petits oueds orientés du Sud-Est au Nord-Ouest. A 8 h. 45, on quitte les pistes allant vers Ras El Erg pour gagner Aïn Mezzer (puits sans eau de 4^m,50 de profondeur, ensablé en partie).

On rencontre ensuite un oued raviné, assez difficile à franchir, par lequel on accède au Bâten. Le passage est amélioré par les sapeurs aidés des sokhars, et les chameaux parviennent ainsi sans difficulté sur le plateau.

La direction générale de marche est vers le Nord-Est ; à à 10 h. 30, grand'halte de trois quarts d'heure et café.

A midi 1/2, on pénètre dans les lits d'oueds profonds où se trouvent des pâturages. La colonne est arrêtée à 2 h. 1/2 et le camp établi dans un oued.

Le terrain sablonneux est excellent pour camper. Bois et pâturages aux abords même du bivouac. Pas d'eau. Distance parcourue : 37 kilomètres.

Cavalerie. — Marche sur El Goléa, 27 kilomètres. Départ à 4 heures ; arrivée à 8 h. 1/2. Le camp est établi sur le front sud des murs d'El Goléa ; rien de nouveau. Les prisonniers ont fait la route sans incident ni accident.

7 mai. — *Colonne du Tidikelt.* — Départ de Fort-Miribel à 4 h. 30. Arrivée à Hassi Saret à 11 h. 30. Bonne marche : 30 kilomètres. L'eau du puits a été contaminée et il faut s'en méfier. Il y en a d'ailleurs peu. Avant de quitter Fort-Miribel, il faut toujours avoir soin de se munir de quatre jours d'eau quand on se dirige vers le Sud, et de deux jours quand on remonte vers le Nord (El Goléa).

Détachement d'Afflissés. — Départ à 4 h. 30. Marche sur Fort-Miribel. Direction générale de la marche vers l'Est.

A 9 h. 15, entrée dans la vallée de l'Oued El Oucham.

A 1 h. 10, arrivée à Fort-Miribel et campé sur la place, près du monument Collot. Distance parcourue : 31 kilomètres.

On sait que le lieutenant Collot, des tirailleurs sahariens, a été assassiné en 1896 (voir 27 février) avec ses hommes à l'Oued Ghallousen, où il faisait de la topographie. On lui a élevé un monument à Fort-Miribel.

Le monument Collot à Fort-Miribel.

Terrain du bivouac facile et commode. Température élevée. Pas un souffle de vent.

Cavalerie. — Séjour à El Goléa, où elle restera dès lors.

8 mai. — *Colonne du Tidikelt.* — Départ d'Hassi Saret à 4 h. 15 ; arrivée à Meksa à 11 heures : 26 kilomètres. Eau en abondance. On en trouve partout en creusant, et les sokhars se mettent au travail d'eux-mêmes et tirent de l'eau de certains endroits où l'on ne se douterait pas qu'il y en a, à première vue.

Détachement d'Afflissés. — Séjour à Miribel. A 6 heures du soir, départ de Fort-Miribel, dans la direction du Nord. A 8 h. 40, la colonne s'arrête et campe au kilomètre 125,500 dans une daya. Terrain de bivouac sablonneux et bon. Ni eau, ni bois, ni pâturages.

9 mai. — *Colonne du Tidikelt.* — Départ de Meksa à 4 h. 30. Arrivée à Guern Ouled Yahia à 12 h. 30 : 28 kilomètres. Pas d'eau. On campe au kilomètre 54 d'El Goléa. Passage de dunes assez difficile.

Détachements d'Afflissés. — Départ à 4 h. 25 du kilomètre 125,500, et à 8 h. 1/2 la colonne est à Hassi Saret, kilomètre 108 ; elle dépasse ce point, dépourvu de pâturages, pour aller faire pâturer les chameaux en un point plus favorable. A 11 h. 05, arrêt et installation du camp au kilomètre 99 dans l'Oued Ghallousen.

Terrain de bivouac sablonneux. Pas d'eau. Bois et pâturages dans l'Oued Ghallousen.

10 mai. — *Colonne du Tidikelt.* — Départ de Guern Ouled Yahia à 4 h. 15. Arrivée à El Okseïba à 11 heures. Bonne route. Beau temps. Eau. 26 kilomètres.

Détachement d'Afflissés. — A 4 h. 25, départ de l'Oued Ghallousen (kilomètre 99); à 9 h. 5, arrivée aux puits de Meksa (kilomètre 82); eau très abondante dans les deux puits. Bois et pâturages suffisants, à condition de conduire les chameaux à 3 kilomètres au moins du camp. Terrain de bivouac dans le sable sur la partie supérieure des dunes surplombant la cuvette dans laquelle se trouvent les puits. Ce terrain est à éviter quand le vent souffle, à cause des nuages qu'il soulève. Il fait chaud. La colonne est remise en marche à 6 heures du soir ; à 9 heures, elle est arrêtée et campée au kilomètre 70, dans la daya Bou-Zian. Terrain de bivouac excellent ; bois en abondance, pâturages en quantité suffisante; pas d'eau.

11 mai. — *Colonne du Tidikelt.* — Départ d'El Okseïba à 4 h. 15; arrivée à El Goléa à 10 h. 50. La colonne campe près du bordj.

Détachement d'Afflissés. — Départ à 4 h. 20 du matin, du kilomètre 70. A dix heures 50, arrivée au kilomètre 44,300, dans la gorge de Maroket, où le bivouac est installé. Pas d'eau sur place; on peut en prendre au puits de Maroket.

Bois et pâturages abondants autour du camp.

12 mai. — *Détachement d'Afflissés.* — A 4 h. 25 du matin, départ du kilomètre 44,300; à 9 h. 55, la colonne est arrêtée et installée près des deux puits de Kheceïbat. Distance parcourue : 22 kilomètres. Eau très abondante dans les deux puits, à 1ᵐ,50 de profondeur; odeur saumâtre légère qui disparaît en grande partie après un puisage d'une heure. Bois et pâturages abondants dans les environs du camp.

13 mai. — *Détachement d'Afflissés.* — A 3 h. 50, départ de Kheceïbat (kilomètre 20) ; arrivée à El Goléa à 8 h. 40. Le détachement se réunit au gros de la colonne et campe avec lui.

OBSERVATIONS

Dès lors, les opérations actives de la colonne du Tidikelt sont terminées. On attend des ordres. Pendant toute la durée des marches et opérations de la colonne, le *service des subsistances* fut assurée avec une régularité et une précision remarquables par M. le sous-intendant militaire Isnard.

Les vivres ne firent jamais défaut, et la ration forte de campagne fut allouée en tout temps et en tous lieux. Le personnel fut de tout point à hauteur des difficultés de la tâche et il ne mérite que des éloges. Il en fut de même du *service de santé*, assuré par M. le docteur Adrier avec un zèle et un dévouement qui ne se démentirent jamais. Les malades, peu nombreux d'ailleurs, furent chaque jour soignés en temps opportun, et l'état sanitaire de la colonne demeura toujours satisfaisant; il n'y eut en moyenne que quatre indisponibles par jour, par suite de paludisme, embarras gastriques et diarrhées, et aussi pour blessures aux pieds, ce qui n'a rien d'étonnant étant donnée la nature du terrain parcouru. Les cacolets n'ont jamais été utilisés en totalité. Au combat d'In Rhar, une ambulance légère suivait à bonne portée les mouvements en avant, puis s'installait définitivement sous les palmiers, en un endroit propice et aussi rapproché que possible de la ligne d'attaque. Les infirmiers sont allés bravement recueillir les blessés sur le terrain même et sous le feu de l'ennemi pour les ramener à l'ambulance.

Quant au capitaine PEIN, qui commandait le *goum*, sa conduite et sa bravoure sont au dessus de tout éloge, et ses goumiers ont bien mérité et au delà tous les compliments qu'on peut leur faire, toutes les récompenses pécuniaires ou autres qu'on peut leur donner.

J'arrête là les citations, il faudrait nommer tout le monde.

Du 14 au 17 mai. — Séjour à El Goléa. La dislocation officielle a lieu le 17 mai. Le commandant de la colonne fait paraître l'ordre final.

ORDRE N° 6.

Dislocation de la colonne.

La colonne du Tidikelt est dissoute à la date du 17 mai. Organisée dès le 15 février 1900 et mise en route sur In-Salah le 24 février, il suffit à chacun de ceux qui en ont fait partie de reporter ses souvenirs vers cette date et de se remémorer la série des marches et des opérations pour trouver dans sa propre conscience la première et la plus belle des récompenses, celle que procure la satisfaction du devoir accompli. In Rhar emporté d'assaut, le Tidikelt vaincu et soumis, la route du Soudan ouverte, sont des faits que l'on ne saurait oublier. Le lieutenant-colonel commandant la colonne veut cependant y ajouter ses vives et sincères félicitations pour la résistance et l'endurance dans les marches, pour l'obéissance et l'esprit de discipline, pour la bravoure au feu, dont les troupes de la colonne ont fait preuve. C'est grâce à ces nobles sentiments, grâce à ces qualités primordiales du soldat que nous avons pu, sans encombres, sans incidents et sans une seule ombre au tableau, parcourir de longues étapes dans un pays inconnu, à travers les ravins, les rochers du Tadmaït, comme sur le sable et dans les dunes du Tidikelt.

Avant de se séparer de ses compagnons d'armes, le lieutenant-colonel adresse à tous, officiers, sous-officiers, caporaux, brigadiers et soldats ses remerciements et ses meilleurs souvenirs, et il leur dit au revoir, pour courir à de nouveaux lauriers, si les circonstances l'exigent.

El Goléa, le 17 mai 1900.

D'EU.

LE TIDIKELT

Etude sur la route. — La route suivie par la colonne d'In-Salah pour se rendre dans le Tidikelt, par la province d'Alger, est certainement la plus directe, si l'on ne considère que les deux points extrêmes, Alger—In-Salah, abstraction faite des voies ferrées existant actuellement. Est-elle la meilleure et la plus logique ? Nous ne le pensons pas, géographiquement parlant. Les deux voies nouvelles pour se rendre d'Algérie dans le Tidikelt sont :

1o Celle de l'Oued Messaoura (ou Zousfana) à l'Ouest, par le Gourara et le Touat;

2o Celle d'Ouargla, par la vallée de l'Oued Mya, à l'Est.

Cependant, au moyen de quelques travaux simples, on pourrait rendre très praticable la route du Tadmaït, à partir d'El Goléa. Et comme ce poste d'El Goléa existe, qu'il a même une importance capitale, en ce sens que de là on peut rayonner facilement vers le Gourara, l'Aoulef et le district d'In-Salah, il est probable que pendant longtemps encore on suivra cette route plus directe. Voyons donc sommairement ce qu'elle est et ce que l'on pourrait faire pour l'améliorer. Nous dirons ensuite un mot du Tidikelt actuel, tel que nous l'avons vu.

Le pays conquis entre El Goléa et Hassi-el-Mongar, principalement sur le plateau du Tadmaït, est d'un parcours généralement assez difficile. Vu l'absence complète de travaux quelconques, jusqu'à ce jour du moins, la piste est souvent âpre et dure et, en certains endroits, le passage est même dangereux. Il faut prendre de grandes précautions, ne s'avancer souvent qu'à la file indienne, ce qui ralentit considérablement la marche d'un convoi un peu important. Il en est ainsi à presque tous les points où il faut traverser les oueds, et ils sont nombreux. Cependant, les premières difficultés ont été quelque peu amoindries par suite du nombre considérable d'animaux qui ont pratiqué, frayé et aplani les pistes primitives. Au retour de la colonne, chacun a constaté que les « Medjebed », dans les oueds et les sentiers, sur les plateaux, étaient mieux marqués, quelque peu frayés et plus faciles à suivre. Le défilé d'Aïn-el-Guettara, par exemple, très dangereux lors du passage du premier convoi, où plusieurs chameaux se brisèrent les reins, était presque praticable, un par un, bien entendu, au retour de la colonne ; les pieds des chameaux et la mélinite du génie avaient rompus les obstacles primitifs du bâten. On put passer, fort lentement encore et un par un, mais sans perte d'animaux du fait des difficultés du chemin. Evidemment, il y a encore beaucoup à faire pour rendre la route, non pas carrossable, mais simplement praticable aux convois de chameaux, partout et en toute saison. Ainsi, il faudrait de suite adoucir et régulariser les pentes de tous les passages des oueds principaux (Oued Ghallousen, Oued Sarret, entre El Goléa et Miribel ; Oued Tabaloulet, Oued Tiboukh'ar, Oued Tilemdjan, etc..., au delà de Miribel). Il faudrait, comme l'ont fait en certains endroits les indigènes eux-mêmes, par piété et pour élever des Mekam à leurs saints, débarrasser la route des nombreuses pierres roulées et cailloux pointus qui l'encombrent. Une équipe de ksouriens, bien dirigés par quelques sapeurs du génie et un officier, suffiraient, avec quelques coups de pioche et des pétards, pour améliorer la voie et en faire un chemin plus sûr et moins pénible. Le sol est dur et ferme généralement, en dehors bien entendu des dunes, et il est naturellement empierré.

On peut aussi utiliser la route plus directe de Fort Miribel au Tidikelt, en passant par Kreg-Reg et Aflissés, ainsi que l'a fait une fraction de la colonne, au retour. Cette voie est même préférable pour les animaux, tant au point de vue de la praticabilité, qu'à celui de la nourriture sur place ; il y a à peu près autant d'eau.

Que l'on suive l'une ou l'autre voie, le sol diffère peu : c'est toujours du rocher, un lit de rivière desséchée ou la dune. Ce n'est que dans les fonds de Daya que l'on rencontre un terrain de reg doux et uniforme. Les gîtes d'étape ne sont pas indiqués, sauf là où il y a de l'eau ; ces derniers points sont rares. Mais partout, le sol se prête à l'installation des camps et l'on peut bivouaquer où l'on veut, puisque l'on a tout, vivres et eau, avec soi. Il suffit seulement de tenir compte de la fatigue des hommes et des animaux, des circonstances atmosphériques, ainsi que des ressources en bois et pâturages, pour raccourcir ou allonger l'étape, selon les nécessités du moment. Une règle générale est cependant à observer : *parcourir le plus rapidement possible les espaces sans eau.* Quand on arrive ensuite dans des lieux plus favorisés par la nature, on se repose et l'on mange et boit à discrétion. C'est ainsi que font les caravaniers pour traverser les régions désertiques.

Eau. — Le manque d'eau est le premier obstacle à vaincre, la difficulté la plus sérieuse à surmonter, pour tout chef de colonne opérant dans l'Erg, comme sur les hauts plateaux du Tadmaït ou dans les régions sahariennes. Avec le temps et une connaissance plus complète du pays, on arrivera certainement à découvrir de nouveau points d'eau. Il y a de sérieuses études à faire à ce sujet. Ainsi, pour ne citer qu'un exemple, le tilmas de Chebbaba, dans l'Oued Moussa-ben-Yaïch, à 7 ou 8 kilomètres avant d'arriver au col d'El Guettara, était inconnu lors du premier passage de la colonne. Au retour, à la suite de recherches et de quelques travaux pour creuser des puits, on trouva de quoi abreuver abondamment tous les animaux. Il doit en être de même dans certains oueds, affluents de l'Oued Mya. Mais, outre la connaissance des points d'eau, il est indispensable aussi d'étudier le rendement approximatif de chaque tilmas et de savoir la quantité de liquide qu'il renferme, pour en surveiller le débit. Un tilmas, en effet, n'est pas un puits, ni une source dont l'eau se renouvelle plus ou moins rapidement ; c'est une sorte de citerne, renfermant une certaine quantité d'eau mélangée avec du sable et garantie par celui-ci contre les rayons solaires. Cette eau provient des pluies ; elle filtre à travers le sable et se trouve arrêtée à une certaine profondeur par une couche imperméable, de l'argile généralement, formant cuvette. Quand il a plu beaucoup, l'eau dépasse la surface du sable saturé et apparaît alors à l'extérieur. Dans le cas contraire, ce qui est la généralité, car les pluies sont rares dans ces contrées, l'eau reste invisible, et il faut la rechercher et l'extraire du sable au moyen de trous dont on garnit le fond et les parois, soit avec

des pierres sèches, soit au moyen de branches de palmier ou autre bois. On peut organiser ainsi des puits permanents, comme à Djelguem, à Ferkla, etc..., recouverts d'une coupole maçonnée, faciles à reconnaître de loin. La pompe Pithoy, du génie, est utile aussi pour extraire l'eau des tilmas : elle a très bien fonctionné à Ferkla, à Igosten et en quelques autres endroits. En pays inconnu, l'existence des tilmas se révèle habituellement par la présence sur le sol d'herbages verdoyants, de palmiers plus ou moins touffus, de joncs, etc.

Outre les tilmas, on trouve parfois de véritables puits, mais l'eau en est généralement moins bonne; il faut les nettoyer fréquemment et s'assurer, chaque fois qu'on veut en utiliser l'eau, que celle-ci n'est pas contaminée par les cadavres d'animaux tombés involontairement en voulant boire, ou jetés là par une main malveillante ou criminelle. Ce fait se produit fréquemment. Dans ce cas, il y a lieu de retirer d'abord la charogne du puits, de le vider et nettoyer complètement à plusieurs reprises, jusqu'à ce que l'eau redevienne claire et sans odeur ; on peut aussi y jeter de l'alun, si l'on en a.

Vu la rareté de l'eau et sa valeur, les indigènes de ces contrées ont contracté, dès les temps les plus reculés, la bonne habitude de signaler la présence des puits, sources et tilmas, au moyen de « Djeddars » ou tas de pierres, qui jalonnent aussi la route. Mais le tilmas pouvant être épuisé et le puits empoisonné, il est d'une importance capitale, avant de se mettre en route, de faire reconnaître les points d'eau et de les surveiller ensuite, si l'on ne veut pas risquer des mécomptes et même une catastrophe.

Enfin, quand il n'y a le long du chemin à suivre ni source, ni puits, ni tilmas, on emporte un convoi d'eau, soit dans des tonnelets de 50 litres environ, soit dans des « guerbas » ou peaux de bouc, de 15 à 20 litres. On base ses calculs sur une consommation journalière de 5 litres par homme et 20 litres par animal (cheval ou mulet). Cela suffit largement en hiver; il est bon d'en prévoir davantage, si possible, en été.

Telle est la route; voyons le Tidikelt proprement dit :

Étude du Tidikelt. — Le Tidikelt est, en réalité, une vaste plaine de reg plus ou moins dur, plus ou moins sablonneux, parsemée de dunes élevées, qui constituent généralement les oasis. Cette plaine s'étend de l'Est à l'Ouest sur une longueur de 250 kilomètres environ, avec une largeur de 60 à 80 kilomètres. Elle commence au pied méridional de la falaise inférieure du Tadmaït et se développe en forme de grand rectangle presque régulier. Les limites géographiques du Tidikelt sont assez difficiles à définir et il n'y a guère que vers le Nord qu'elles existent naturellement. De ce côté, en effet, on trouve le Tadmaït, dont les berges s'élèvent souvent à pic et même surplombent la plaine, comme l'Ang-el-Djemel, non loin d'In-Salah. Au Sud, on rencontre le thalweg de l'Oued Djiareh (ou Botha), que l'on peut considérer comme la limite de ce pays avec le terrain de course des Touareg; cette rivière (sans eau) va se jeter ou mieux se perdre dans un élargissement mal défini de l'Oued Messaoura, vers le district de Sali. A l'Est, est une série de petites collines, bordant la vallée de l'Oued Massui et s'étendant du Nord au Sud depuis la naissance de l'Oued El Mongar jusqu'à l'Oued Djiaret. Enfin, à l'Ouest, sont les districts du Reggah et de Sali, qui bordent l'Oued Messaoura.

Cette plaine est riche en terrains d'alluvions. Une série de petites vallées transversales, orientées du Nord-Nord-Est au Sud-Sud-Ouest, la coupent et se dirigent en pente douce vers l'Oued Djiareh. Une nappe d'eau souterraine, fort étendue probablement, alimente de nombreuses sources ou puits plus ou moins profonds. C'est l'origine de toutes les foggaras (feggaguir) qui forment les oasis, avec la dune. On y rencontre parfois des bas-fonds dangereux, comme ceux qui se trouvent à l'ouest de la sortie de l'oasis d'In-Salah, lesquels sont sans doute le réceptacle de toutes les eaux non utilisées, amenées dans les jardins par les conduites souterraines.

La partie la plus basse de cette grande plaine, où les eaux semblent s'être accumulées autrefois, est couverte, seule, d'une certaine végétation, qui constitue ce que l'on appelle emphatiquement *la forêt (Rabuh) du Tidikelt*. C'est là que viennent paître tous les troupeaux des oasis voisines, troupeaux assez peu nombreux d'ailleurs, vu la rareté des pâturages. Ils comprennent des chameaux et méhara, des ânes, des chèvres, ainsi que des moutons à poil noir appelés « ademan » dans le pays. On en compte trois ou quatre par maison. Quant aux ânes, ils sont vigoureux, très résistants, et ils rendent des services considérables pour les transports.

Outre ces pâturages, l'ancienne forêt (ou rabah) fournit d'excellent bois pour le chauffage des fours et la cuisson des aliments. C'est là que s'approvisionnent les garnisons du Tidikelt, à In-Salah, In-Rhar et Tit. Les arbres, ou mieux leurs racines, car il ne reste plus que la base des troncs, ont arrêté les terres lors des inondations anciennes, sans doute, et formé une série innombrable de mamelons ou « gours » qui donnent de loin à cette immense plaine un aspect bizarre et difficile à définir. On ne sait trop, à première vue et à distance, ce que l'on a devant soi. Il faut se rapprocher pour reconnaître, dans ce dédale montueux et noirâtre, des monticules dont l'ossature est un tronc d'arbre [1]. Il y a certainement eu en ce lieu, dans un temps plus ou moins reculé, une forêt importante. Mais aujourd'hui ce n'est plus qu'une réserve de bois mort.

On rencontre aussi assez fréquemment dans certains bas-fonds plus petits, entre In-Rhar, Tit et l'Aoulef, des gisements de sel ; du plâtre cuit au soleil nommé « tischemt » et aussi beaucoup de gypse (djebs en arabe).

Dans ces plaines nues et arides, le vent, que rien n'arrête ni ne contrarie, souffle presque toujours avec violence, de février en mai tout au moins. La direction générale est de l'Est à l'Ouest ; il vient parfois aussi du Nord et alors il est plus froid, par suite, sans doute, de son passage sur les hauts plateaux du Tadmaït. Ce vent soulève le sable des dunes et engendre des nuages épais qui obscurcissent l'air ; tout le Tidikelt est alors sous le sable. C'est ce qui explique l'usage des Touareg de porter un voile sur la face. Dans le Mzab, les habitants plus civilisés emploient même des lunettes spéciales qui recouvrent les yeux. Chez les Touareg, faire enlever ce voile par contrainte et obliger les gens à montrer leur visage, c'est leur faire une injure ; ils font du moins de grandes difficultés pour se découvrir, ainsi que nous avons pu le constater nous-mêmes.

---

[1] Les vents violents qui règnent dans cette région ont dû également faire leur œuvre pour former et arrondir ces « gours ». Il est probable qu'ils finiront, avec le temps, par enlever et emporter tout le sable, pour ne laisser que le tronc pourri de l'ancien arbre.

Population. — La population du Tidikelt n'est pas exactement connue et le dénombrement des habitants est assez difficile à faire, en raison du manque de documents et aussi vu le nombre variable de nomades. Les propriétaires du sol sont les Arabes conquérants, qui dominent encore sur le pays, ou des Touareg, qui n'y viennent qu'à périodes indéterminées pour la récolte ou pour faire du commerce. Toutefois, on peut affirmer que le Tidikelt est peu peuplé et compte, au minimum, 25,000 habitants.

La population est fort mélangée. Elle comprend des gens de race blanche, des Cherfa, des Harratin, des nègres et des Touareg. Mais ces derniers préfèrent le désert ; leurs propriétés sont affermées ou cultivées par leurs « imrad » ou serfs. Les blancs descendent des anciens conquérants du pays ; ils sont de race arabe, de la famille des *Ouled Sidi Cheikh* ou *Zoua ;* ils détiennent toute l'autorité. Ils forment trois groupements bien distincts dont le plus important est celui des *Ouled Ba Hamou,* dirigé naguère par la famille des *Ba Djouda,* aujourd'hui détruite. Viennent ensuite les *Ouled Moktar,* rivaux des Ba Hamou, puis les *Ouled Zénan,* plus nomades, qui dominent à Akabli et dans l'Aoulef.

Les *Zoua,* clients des Ouled Sidi Cheikh, habitent les ksours de Foggaret ; c'est un petit groupe à part, se tenant en dehors des soff (partis) qui divisent In-Salah et tout le Tidikelt.

Les *Cherfa* (pluriel de Chérif) sont des nobles, religieux plutôt que guerriers, qui prétendent descendre directement du prophète, par les mâles.

Les *Harratin* sont des sangs mêlés, produits de blancs avec des négresses ; ils sont gens de couleur et forment le fond de la population sédentaire du pays. Ils sont paisibles et calmes, et l'on pourra facilement s'accommoder avec eux.

Quant aux *nègres,* esclaves ou affranchis, ils serviront qui le voudra.

Tous les habitants appartiennent à la religion musulmane, qu'ils soient blancs ou de couleur, libres ou esclaves. Les ordres religieux les plus suivis sont ceux de Mouley Taïeb et de Sidi Abd-el-Kader el Djilani. On compte aussi quelques adeptes de Mohamed ben Ali S'noussi.

En général, tous ces gens-là nous détestent et ne nous servent que par force ou par intérêt. Chaque centre est divisé en deux soff ennemis :

1° Le soff Ihamed.

2° Le soff Soffian.

Le premier domine en ce moment dans le Tidikelt. Chacun d'eux cherchera naturellement à s'appuyer sur les maîtres du pays, actuellement les Français, pour opprimer le soff adverse. C'est ainsi qu'il faut comprendre l'empressement de ces gens à se soumettre et à faire leurs offres de service dès qu'un chef de colonne se présente dans un ksar à la tête d'une troupe. Inutile de dire qu'il est d'une bonne politique d'user de ces discordes intestines pour régner.

Subdivisions politiques et administratives du Tidikelt.

Le pays connu sous le nom du Tidikelt se subdivise en districts politiques et administratifs, qui sont au nombre de 7.

Ce sont, en allant de l'Est à l'Ouest, les districts de : *Foggaret, Igosten, In-Salah, In-Rhar, Tit, Akabli* (le plus méridional) et l'*Aoulef.* Ce dernier est la clef du Tidikelt qu'il rattache au Touat. Tous ces centres principaux, qui forment des agglomérations bien distinctes l'une de l'autre, géographiquement parlant, se ressemblent cependant : qui en a vu un, les a tous vus dans l'ensemble.

Il y a toujours ces trois choses élémentaires constitutrices des oasis habitées et cultivées : l'*eau,* la *dune,* le *ksar.* L'intervalle qui sépare un centre de son voisin est assez considérable (voir journal de marche, 55 kilomètres d'In-Salah à In-Rhar, par exemple) ; dans cet espace, il n'y a rien ou presque rien, sauf dans les bas-fonds de la Rabah et autour de deux ou trois puits. Entre Tit et l'Aoulef (42 kilomètres), il n'y a absolument aucune végétation. Par contre, l'Aoulef est de beaucoup le district le plus riche du pays. C'est aussi le plus important. Outre la place forte de Timokten, il comprend deux belles oasis, séparées l'une de l'autre par la nature du sol et le caractère des habitants : L'*Aoulef Cherfa* et l'*Aoulef Arab.* Naturellement ces deux groupements sont ennemis l'un de l'autre.

Ksours et casbahs. — Les ksours du Tidikelt ne sont point entourés d'une muraille continue, comme on l'a si souvent écrit sans l'avoir vu. Toutefois, les maisons extérieures peuvent former une ceinture solide et une bonne ligne de défense, avec quelques barricades et coupures à l'extrémité des ruelles de sortie vers la plaine. Mais chacun d'eux possède une ou plusieurs « casbahs » qui sont de véritables forteresses. On peut même dire qu'elles sont imprenables sans canon, si ce n'est par surprise, comme le fut celle d'In-Salah. C'est surtout sur elles que comptent les ksouriens pour se défendre et se garantir contre les incursions des Touareg. Toutes se ressemblent au point de vue de l'organisation intérieure et des moyens de défense : il y a toujours trois rangs de créneaux dans la ligne des courtines, des bastions aux angles pour le flanquement, des machicoulis au-dessus des portes et au sommet des murailles.

Quelques-unes sont entourées, comme celles d'In-Rhar, d'un fossé de 2 à 3 mètres de profondeur, creusé dans le roc. C'est là que tous se réfugient, gens et bêtes, en cas de danger. Ce sont alors de véritables fourmilières. Chaque famille a sa case marquée d'avance ; chaque tribu a son carré. Il y a fréquemment un rez-de-chaussée et un premier étage complet. Les casbahs de Ksar-Lekal (In-Rhar) étaient de beaucoup les plus fortes de toute la contrée ; c'est ce qui explique l'idée pratique du pacha d'en faire sa première et sa principale ligne de résistance, et aussi la reddition sans combat de toutes les autres, après la prise d'assaut de la plus forte. Le fusil ne peut rien contre elles ; il faut du canon et des obus à la mélinite pour détruire ces repaires.

L'étude détaillée de la casbah des Ba-Djouda, à In-Salah, nous donnera une idée des autres : c'est le type général des casbahs sans fossé. Le croquis d'ensemble ci-après en explique la disposition extérieure. Les murs sont en terre argileuse noirâtre, fortement tassée, et non revêtus. A l'intérieur, le terrain présente une pente générale descendante ; il n'est pas damé, et le sable recouvre les ruelles et forme des monticules dans les encoignures. Certains créneaux de la rangée inférieure sont même ensablés. Une petite banquette soutenue par des troncs de palmier fixés dans la muraille donne accès aux créneaux supérieurs. Le long des murs est ménagé un chemin de ronde de 1 m. 60 environ de largeur pour les tireurs et la circulation. Toute la surface intérieure est bâtie et forme de nombreux îlots de constructions enchevêtrées et crénelées. Les murailles ont 1 m. 50 environ d'épaisseur à la base, et 1 m. 30

au moins au sommet. A chaque angle sont de solides bastions, plus élevés encore et aux murs plus épais. Ces bastions ont deux étages de feux au rez-de-chaussée (couché et à genoux) et un sur la première plate-forme pour tireur debout ; une deuxième plate-forme au sommet permet de couronner le bastion. Des pièces de bois (palmier) fichées dans les murs servent d'échelles pour y monter. Le sommet des bastions est à un mètre au-dessus des

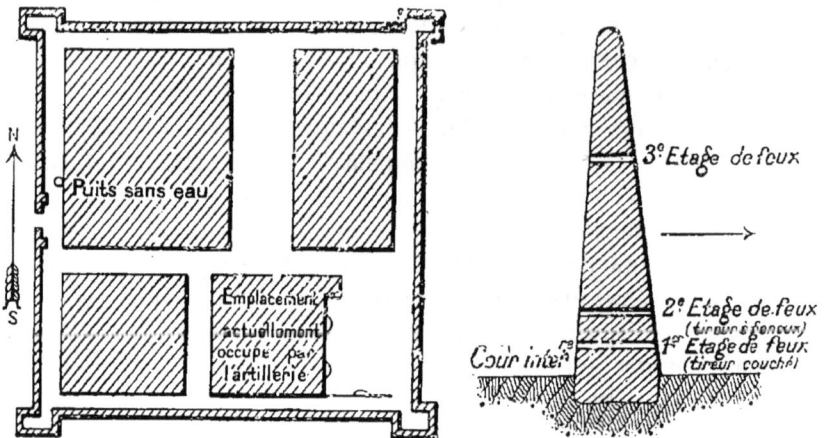

courtines, qui ont de 6 à 7 mètres de hauteur. Une solide porte, en madriers de palmier, ferme l'entrée unique de la casbah ; elle est battue par le bastion et des machicoulis. Cette casbah bien conservée est une des mieux construites de la région. La porte a environ 2 m. 80 de hauteur. Les créneaux sont faits d'un simple trou cylindrique sur toute sa longueur. Ils présentent cette particularité que n'ayant qu'une ouverture à l'intérieur, il

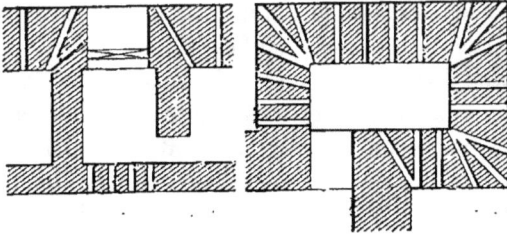

y a deux et même trois trous de sortie, ce qui permet au même tireur de tirer dans trois directions différentes et de mieux voir et battre le terrain. Dans les angles des bastions, les murs ont jusqu'à 3 et 4 mètres d'épaisseur. C'est très solide et à l'épreuve de la balle. L'obus ordinaire à mitraille lui-même n'y fait qu'un trou ; il faut l'obus allongé, chargé à la mélinite, pour faire une brèche.

Ajoutez à cet ensemble un fossé extérieur de trois ou quatre mètres de largeur et d'autant de profondeur, et vous aurez la casbah d'In-Rhar (se reporter au Journal de marche).

Administration. — Religion. — Mœurs. — Le Tidikelt, avant notre arrivée, était sous la domination du pacha de Timmi et reconnaissait la suprématie du Maroc. Mais l'autorité du sultan était plus nominale qu'effective : il n'avait pas assez de troupes pour assurer la rentrée des impôts et on lui payait le tribut rarement, difficilement et seulement lorsqu'on avait une faveur à demander. Les familles puissantes du pays, Ba Djouda et autres descendants des Arabes conquérants, détenaient en réalité le pouvoir et exerçaient une administration sommaire. Il a été constaté que les registres les mieux tenus étaient ceux du caïd des eaux. Ce qui démontre une fois de plus l'importance de l'eau dans ces régions brûlées par le soleil, ravagées par le simoun. Ce qu'on a pu constater aussi dès l'arrivée, c'est que les sentiments de la classe dirigeante envers nous sont loin d'être amicaux et bienveillants ; seuls les « miséreux », Harratin ou négres, nous voient venir sans appréhension et même avec plaisir. Pour les premiers, nous sommes la « race maudite », ainsi que l'écrivait le pacha de Timmi à son collègue de Timmimoun, lorsqu'il le pressait de venir avec lui nous chasser du Tidikelt envahi. Pour les seconds, nous sommes la Providence libératrice. Cela seul suffit pour justifier l'occupation.

Le Maroc donc, et cela ne fait aucun doute pour quiconque s'est occupé sérieusement des choses du Sahara, entretenait deux « pachas » dans ces régions lointaines : l'un à Timmimoun (Gourara), l'autre à Adrar, dans le district de Timmi (Touat). Ce dernier comptait le Tidikelt dans ses domaines. Le pacha de Timmimoun s'est enfui à l'approche de nos colonnes et l'on semble ignorer ce qu'il est devenu. Celui de Timmi, plus obéissant ou plus belliqueux, s'est laissé prendre à In-Rhar. Après avoir prêché la guerre sainte un peu partout et principalement à Timokten, place forte du pays d'Aoulef, et à Akabli, il s'était porté avec ses partisans, croisés des temps anciens, sur le district d'In-Rhar. Les casbahs avaient été restaurées ; des armes et des provisions y avaient été réunies ; des menaces étaient proférées contre les Français assez téméraires pour s'aventurer dans ces contrées. La prise d'assaut de la forteresse des Ouled Hadega mit fin à cette effervescence, et aujourd'hui le pacha Ed Driss ben el Kouri est prisonnier à Laghouat.

Outre leur religion, les Arabes conquérants ont apporté dans ces régions leurs coutumes et leurs mœurs ; ils y ont, en partie seulement, importé leur costume. L'habillement des riches est superbe ; malgré ses couleurs vives et trop criardes, il en impose à la populace. Le dominateur se promène à travers les rues, la tête haute et fière, une lance à la main, signe de la supériorité matérielle. La tenue des pauvres est des plus simples : une gandoura (chemise) sale et crasseuse suffit. Les enfants sont nus ou à peu près.

Les Harratin, ainsi que les nègres, sont laids et malpropres ; ils vivent misérablement et travaillent beaucoup ; ils ne songent à rien. C'est le résultat de la domination arabe ; à nous de les relever. Ils ne manquent pas d'intelligence et ils sont attentifs aux ordres et aux observations ; on peut en faire des hommes.

Les oasis sont bien tenues, les jardins sont bien cultivés, les arbres sont plantés en ligne droite, les irrigations peuvent servir de modèle en Europe même ; on reconnaît à cela l'intelligence pratique des sangs-mêlés et des nègres, qui, seuls, cultivent la terre. Pas un arpent de terrain irrigable n'est perdu et l'on peut presque affirmer que tout ce qui est cultivable est cultivé. Je doute que l'on puisse faire beaucoup mieux. Cependant, toute l'eau n'est pas encore utilisée comme il convient ; peut-être même pourrait-on en extraire davantage du sol au moyen de puits artésiens ou autres. Alors seulement il serait possible de faire augmenter la production et de la perfectionner. Il n'y a que fort peu de vivres à tirer actuellement du pays pour la nourriture des Européens et même des troupes sahariennes de garnison ; mais cet état de choses ne saurait s'éterniser et il se modifiera avec le temps. On pourra créer des jardins potagers dans les oasis et y implanter quelques légumes d'espèces plus variées que celles actuellement cultivées. Les troupeaux deviendront plus nombreux, etc... Enfin et surtout, il faudra à tout prix rétablir les transactions commerciales avec les Touareg et le Soudan.

Relations commerciales. — Avant de parler des caravanes, disons un mot de la monnaie employée dans le Tidikelt pour les transactions commerciales. Les pièces sont nombreuses et de forme variée ; il est assez difficile de s'y reconnaître au début. Celles ayant cours sont :

1º Le mizouna, valant 0 fr. 06 ;
2º L'oukia, valant 4 mizouna ou 0 fr. 24 ;
3º Le stiti, valant 6 mizouna ;
4º Le réal, valant 6 oukia ;
5º Le dirhem, valant 2 oukia ; ⎫ Pièces frappées à Paris
6º Le 1/2 dirhem, valant 1 oukia ; ⎬ pour le compte du
7º La pièce de 5 oukia Hassani ; ⎭ gouvernement marocain.
8º Mithkhal, valant 10 oukia ; ⎫ Toutes trois
9º Pièce de 8 oukia ; ⎬ de
10º Pièce de 4 oukia ; ⎭ frappe tunisienne.
11º Enfin, les pièces de 5 francs françaises et espagnoles (douros) valent de 17 à 20 oukia.

La pièce la plus originale est le douro portant l'effigie de Marie-Thérèse d'Autriche et le millésime de 1780; elle est très répandue et était à peu près seule connue avant notre arrivée. Comment est-elle parvenue dans le Tidikelt ? Il n'est pas douteux que ce ne soit par le Maroc.

La pièce française de 1 franc vaut 4 oukia, 3 seulement si elle est oblitérée et percée d'un trou, ce qui est fréquent.

Le mithkhal d'or vaut 15 francs.

Le mizouna n'existe pas comme pièce frappée, mais s'obtient en fractionnant un oukia en 4 parties.

Des caravanes.

Organisation et marche. — Des relations commerciales constantes existent de temps immémorial entre le Tidikelt et le Soudan, entre Akabli et Tombouktou. On peut affirmer que presque tous les hommes du pays d'Akabli vont au Soudan, au moins une fois dans leur vie. « On n'est un homme que quand on a fait ce voyage », disent-ils. Tous s'accordent à reconnaître que les Français qu'ils ont vus à Tombouktou sont gens de bonnes relations, riches et ayant apporté le bien-être dans la contrée.

Les caravanes partent au commencement du printemps. Une des dernières, comprenant des gens d'Akabli, est partie à la fin du mois de février 1900, par la route du Tanez Rouft. Les caravaniers de l'Aoulef, de Tit et d'Akabli se réunissent habituellement à Akabli même, soit à la Zaouïa de Chikh bou Mâama, soit à celle de Sidi el Abed, qui se trouvent toutes deux dans le Ksar. Ceux du Touat se concentrent dans le Reggan, à En-Tchent ; ceux d'In-Salah et d'In-Rhar se rassemblent à une demi-journée de marche à l'est d'Akabli, dans la rabah, où les chameaux trouvent des pâturages. Souvent même ces derniers se joignent de suite aux premiers, à la Zaouïa de Chikh bou Maâma également.

On passe l'été dans la région de Tombouktou et l'on revient en automne.

C'est là la règle générale. Mais il se forme aussi d'autres petites caravanes à d'autres époques de l'année, suivant les circonstances.

On évite d'entrer à Tombouktou en mars, à cause de certaines mouches qui y pullulent en cette saison et font aux chameaux des piqûres mortelles. Ce n'est qu'en avril qu'on pénètre dans la grande cité soudanaise. On passe l'été dans la région, pour opérer les transactions et les échanges. C'est surtout vers la fin de l'été et au commencement de l'automne, alors que le Niger coule à pleins bords et amène de nombreuses embarcations, que le commerce bat son plein. On reprend la route du Nord vers la fin de l'automne.

Le nombre et l'importance des caravanes varient chaque année, selon la situation économique du pays. Dans les bonnes années, une soixantaine de gens d'Akabli partent, soit au Hoggar, soit dans l'Adrar, soit au Soudan. Les caravaniers se réunissent par groupes plus ou moins nombreux ; il y a des caravanes de deux, quatre et cinq personnes ; il y en a qui comptent soixante et même cent individus. Au temps de la prospérité d'In-Salah, alors que tout le pays commençait avec Gh'Adamès et Gh'At, on formait, paraît-il, des caravanes de 250 à 300 hommes.

Le nombre des chameaux varie dans la même proportion ; il n'est pas rare de voir des groupes de deux à quatre chameaux se diriger vers l'Adrar ou même le Hoggar, sous la conduite d'un ou de deux hommes. La caravane, partie d'Akabli en février 1900 par Tombouktou, comprenait deux Ouled-Zenan, un domestique hartani et un guide ; soit quatre hommes, conduisant vingt et un chameaux chargés de tabac à priser, de sucre et de dattes. Le tabac est fourni par le Touat ; c'est une des principales denrées d'exportation. L'Aoulef donne des dattes. On charge aussi beaucoup de sucre venant du M'Zab, de Tripoli ou du Tafilelt. Quant aux étoffes, on y a renoncé depuis que les Français sont à Tombouktou, à moins que ce ne soit pour les vendre en cours de route ou pour les échanger contre du sel au Ksar de Mâmoun.

Le sel, en effet, n'est pas emporté du Tidikelt à Tombouktou ; il est chargé en cours de route par les caravanes qui se procurent également les chameaux nécessaires pour son transport. Le sel de la région de Mâmoun et celui recueilli à Tasdeni surtout, où il existe en grande quantité, est extrait du sol en plaques de $0^m,025$ millimètres et même $0^m,05$ centimètres d'épaisseur, que l'on taille aussi régulièrement que possible sur une longueur de 1ᵐ,50 et 0ᵐ,50 centimètres de largeur, pour faciliter le transport. Quatre de ces plaques constituent le chargement normal d'un chameau. C'est aussi de la monnaie courante pour les échanges; chaque banc a une valeur déterminée comme une pièce d'argent.

Les caravanes sont toujours dirigées par un guide de profession. Rien n'est plus facile, en effet, que de s'égarer dans le Sahara où rien n'arrête la vue, où rien ne borne l'horizon, où aucun point de repère n'existe. C'est généralement la tribu nomade des Rahala qui fournit ces guides dont l'importance est capitale.

Enfin, chaque caravane doit payer un *droit de passage* aux chefs des territoires qu'elle traverse. Ce tribut consiste généralement en effets d'habillement : pantalon et haïck au chef des Betmaten (Adrar), par exemple ; deux « melhafas » à celui des Berabiche, etc. Puis à l'arrivée, la douane perçoit 1/10 de la valeur des marchandises qui ne sont pas de provenance française. En outre, on a à craindre en cours de route les actes de brigandage de bandes isolées malfaisantes et de coupeurs de routes dont le vol est la principale occupation. Toutefois, il faut reconnaître qu'en général, entre Akabli et Tombouktou, les routes sont relativement sûres et les relations des caravaniers avec les Touareg bonnes et amicales. A notre arrivée à Akabli, il y avait dans les ksour une caravane de gens du Taïtok, qui prit la fuite à notre approche.

Itinéraires généralement suivis. — Il existe deux routes principales pour se rendre d'Akabli à Tombouktou : celle de l'Adrar Ahnet et celle du Tanez-Rouft. Quelques indications sommaires ont pu être recueillies à ce sujet pendant le séjour de la colonne.

La première route est la plus longue, mais elle est aussi la plus sûre et elle offre beaucoup plus de ressources en eau et pâturages. On rencontre des points d'eau à peu près tous les deux jours, sauf entre In-Ziza et Timissar, dont la distance exige trois jours de marche sans eau. Une lourde caravane met environ 40 jours pour accomplir le parcours.

La seconde, plus courte, mais plus aride, coupe le désert redouté et redoutable du Tanez-Rouft ; il faut huit jours environ pour le franchir et l'on n'y trouve pas une seule goutte d'eau, pas

un brin d'herbe. Pour traverser cette région désertique, les
caravanes marchent du matin au soir, sans arrêt. Avant de s'y
aventurer, on gave les chameaux de nourriture et on les sur-
charge de drinn. Au début de la marche, on ne leur donne
absolument rien à manger, les laissant ruminer le fourrage
absorbé avant le départ. Puis peu à peu on leur délivre le drinn
emporté pour les derniers jours de la traversée. Cette route passe
par Ouallen (eau en grande quantité), Tindarsen, Tikrirt, Mâmoun, etc. Il faut de vingt-cinq à trente jours pour atteindre
Tombouctou. L'allure est aussi rapide que possible dans les parties dénudées du pays traversé ; ailleurs les chameaux paissent
en marchant.

Les caravanes se mettent en mouvement au lever du soleil ;
elles marchent jusqu'à l' « Aceur » (quatre heures environ de
l'après-midi) pour s'arrêter au point d'eau. Quand il n'y en a pas,
on s'installe où l'on se trouve, en plein désert.

Importations. — Au retour, les caravanes reprennent généra-
ment le même chemin. Elles rapportaient autrefois des esclaves
et quelques plumes d'autruche, des étoffes et des bijoux du
Soudan (principalement de Sansanding). Un esclave acheté
125 francs à Tombouctou était revendu 300 francs, en moyenne,
dans le Tidikelt et le Touat.

Quant aux Touaregs, ils importent dans le Tidikelt, soit au
printemps, soit en automne, des chameaux, des moutons,
quelques étoffes bleues du Soudan, des peaux tannées et travail-
lées et quelques plumes d'autruche. Les Hoggar viennent surtout en automne ; ceux de l'Adrar au contraire arrivent au
printemps. Ceux-ci apportent, outre les animaux précités, du
beurre, du fromage (tikomaime), de la viande séchée, des réci-
pients en bois, etc.

Enfin des gens du Nord, Hamyan ou Zoua, Beraber, Beni
M'Hammed, Ghadamésiens, se rendent aussi dans ces contrées
et y apportent de la laine, du blé, de l'orge, du fromage, du
sucre et du café.

En ce moment, les Touareg s'abstiennent ; ils sont en mauvaise intelligence avec les habitants du Tidikelt. Les Douï Menia
et les Chambâ leur sont, de même, hostiles et ne viennent plus
dans le pays. Mais il faut espérer que dans un avenir plus ou

moins prochain, les relations commerciales anciennes pourront être reprises, malgré la disparition de la traite des esclaves, dont la suppression a supprimé la base même du commerce. A nous de faire le nécessaire pour rétablir les transactions avec les Touareg d'une part, pour réorganiser des caravanes sur Tombouktou d'autre part. Il n'est pas besoin de voie ferrée, en ce moment du moins, pour drainer le pays ; deux caravanes par an, bien organisées, suffiraient pour assurer les relations et les transactions commerciales entre Akabli et Tombouktou. Quant aux communications télégraphiques, il faut attendre pour les établir à travers le désert que l'on ait découvert la transmission sans fil à grande distance.

INSTRUCTION

SUR LA

CONDUITE DES COLONNES

DANS LES

RÉGIONS SAHARIENNES

Cette partie du travail a été inspirée par « l'Instruction sur la conduite des colonnes en Algérie » en date du 5 juillet 1890, de M. le général commandant en chef le 19e d'armée.

Les instructions primitivement rédigées et dictées (d'après celles déjà en usage en Algérie et surtout l'instruction précitée du 5 juillet 1890) par le commandant de la colonne, avant le départ d'El-Goléa, ont reçu la consécration de l'expérience. Elles ont été complétées, rectifiées et améliorées après étude et observation sur le terrain même et en cours de route. Il nous a paru utile de les adjoindre au présent travail et de les soumettre à nos camarades.

Considérations générales.

Une colonne destinée à opérer dans les régions sahariennes aura à traverser d'immenses espaces qui ne lui offriront aucune ressource pour le ravitaillement. On ne trouvera, la plupart du temps, aux gites d'étape ni eau, ni bois, ni fourrages. Il faut donc transporter avec soi, non seulement les munitions, les bagages et les vivres, ainsi qu'un matériel considérable du génie et du service de santé, mais encore *l'eau* nécessaire aux hommes et aux animaux (chevaux et mulets) pour plusieurs journées, et

In-Salah.   **8**

même *la nourriture des chameaux*. Le souci d'assurer à tous la subsistance devient ainsi la principale préoccupation du commandant de la colonne.

Dans ces conditions, le convoi grossit démesurément et peut devenir un obstacle considérable à la marche, si l'on n'y prend garde. Cette considération oblige déjà à restreindre les effectifs ; d'autre part, il y a lieu d'observer que les gîtes d'étapes sans eau sont nombreux ; que les quelques puits même que l'on rencontre le long des routes ne peuvent fournir, en 24 heures, que des quantités d'eau limitées, — soit pour 250 à 300 hommes et 25 chevaux sur la route du Tadmaït, — d'où nécessité de fractionner la colonne principale pour marcher.

Il importe donc de réduire le plus possible l'effectif des hommes, et surtout le nombre des chevaux et mulets, et de ne faire marcher que les forces nécessaires pour obtenir le résultat cherché. Vouloir opérer dans l'extrême-sud avec de grosses colonnes est aller au-devant d'un désastre. Cette réduction de l'effectif n'offre d'ailleurs pas d'inconvénients, vu la supériorité incontestable que nous donne notre armement. Le fractionnement par groupes (2 ou 3), se succédant sur la route à un jour ou deux d'intervalle, permet de vivre plus facilement dans les endroits dépourvus de tout. Ces groupes se relient entre eux et peuvent se prêter un mutuel appui, en cas de danger. C'est ainsi que l'on devra traverser le massif du Tadmaït, dans le cas d'une marche sur In-Salah. A l'approche d'une oasis, les groupes se réunissent en une colonne unique.

Composition de la colonne.

Dans les régions sahariennes (Touat, Gourara ou ailleurs), on aura à lutter à plusieurs centaines de kilomètres de la base d'opération, contre quelques milliers d'hommes peut-être, et à enlever des ksour entourés de murs en terre ou défendus par de solides casbahs. Dans les plaines du Maroc, on aura à faire avec la cavalerie. Mais dans les oasis, on trouvera rarement des cavaliers devant soi ; leur nombre sera restreint, attendu que les chevaux sont peu nombreux au Touat, vu le prix de leur entretien. Néanmoins, dans un cas comme dans l'autre, il est indispensable de pouvoir disposer d'un groupe de cavaliers réguliers, soit pour soutenir, au besoin, les goumiers contre la cavalerie adverse, soit pour se porter rapidement sur un point menacé, soit enfin pour assurer la poursuite. Il faut aussi prévoir les attaques et les courses rapides des Douï Ménia, des Béni Guil et autres gens de cheval bien montés, auxquelles il faudra parer. Quant aux Touareg, ils emploient des méhara qui servent plutôt de moyens de transport et ils combattent surtout à pied. La colonne comprendra donc de l'*infanterie*, de l'*artillerie*, du *génie* et de la *cavalerie*, ainsi que tous les services auxiliaires. Puis, pour répondre aux incursions ou attaques des Touarêg, dans le cas où ils viendraient harceler nos colonnes, et pour poursuivre comme il convient les caravanes ennemies, il faudra y adjoindre un certain nombre de spahis sahariens. Goumiers et sahariens réunis rendront d'excellents services, soit en explorant le pays au loin, soit en poursuivant un *rzzou* ennemi. Seuls, en effet, les méharistes qui portent sur leur monture tout ce qui leur est nécessaire, peuvent parcourir d'immenses espaces et établir les communications avec l'arrière. Ce sont eux aussi qui assurent le service des courriers.

Infanterie. — Nous avons dit que la colonne ne devait pas être trop forte, tout en permettant cependant d'atteindre le but cherché. La base étant l'infanterie, nous pensons qu'on ne peut guère descendre, pour cette arme, au-dessous de l'effectif de 500 à 600 hommes, soit trois ou quatre compagnies. Dans les fortes colonnes, on mettrait deux bataillons, au maximum, de 700 à 800 hommes chacun, soit en moyenne 1500 fusils.

Artillerie. — L'artillerie est indispensable pour faire brèche dans les murs en terre des kasbahs, ainsi que pour dissoudre les gros rassemblements de fantassins formés derrière les murs des oasis ou même dans la plaine, ainsi que le font les ksouriens. Les difficultés de transport ne permettent pas d'emmener d'autre artillerie que celle de montagne, laquelle est d'ailleurs très suffisante comme puissance, sinon comme portée. On organisera une section mixte, afin de diminuer le nombre des mulets. Ceux-ci porteront les pièces et les affûts ; les caisses de munitions et le matériel seront portés sur des chameaux. L'expérience a démontré, en effet, que les pièces et affûts ne pouvaient être portés facilement ni sûrement à dos de chameaux.

Cavalerie. — Quant au nombre des cavaliers, il sera aussi réduit que possible, en raison du poids élevé de la ration d'orge et aussi de la grande quantité d'eau qu'il faudrait emporter. Un escadron au maximum suffit. Comme exemple, pour la colonne du Tidikelt, on s'est arrêté à la composition suivante :

Infanterie (4 compagnies). . . . . 750 hommes.
Artillerie. . . . . 1 section mixte.
Cavalerie . . . . 1/2 escadron.
Génie . . . . 1 section.
Spahis sahariens . . . . 75 méharistes.
Goum . . . . 120 hommes.
Services auxiliaires . . . .

Soit au total : 1000 à 1100 hommes.

Convoi. — Un approvisionnement de quarante jours de vivres et un convoi d'eau pour quatre jours sont nécessaires, pour se rendre dans les oasis du Tidikelt avec une colonne un peu importante. Pour transporter ces vivres, le matériel et l'eau, il faut un nombre considérable de chameaux, 1800 à 2,000 environ.

Quelques prescriptions générales et recommandations sur la conduite des chameaux me paraissent indispensables à émettre ici.

Le *chameau* n'est pas, comme trop d'officiers sont disposés à le croire, un animal qui ne mange ni ne boit, tout en faisant 4 à 5 kilomètres à l'heure, avec un fardeau exagéré sur le dos. Cet animal est sobre, il est vrai, mais il est relativement fragile et il a besoin de soins. Pour fournir un bon service, il ne doit pas être trop chargé, ni poussé dans la marche (à moins de nécessité). Il ne faut pas compter faire avec lui plus de 3 kil. 1/2 à l'heure, 4 kilomètres au maximum. Sa marche doit être lente et régulière ; il le faut conduire sagement. En avant des groupes de tête, on place un bon cavalier indigène pour régler l'allure, de telle façon que tous puissent suivre sans effort. Les flancs du convoi sont également gardés par des cavaliers, et les sokrars surveillent le chargement; il ne doit y avoir que très peu de soldats dans les groupes de chameaux portant les bagages des corps ; aucun dans le convoi administratif proprement dit.

Outre les chameaux porteurs, il est indispensable d'avoir, en supplément, un certain nombre d'animaux haut-le-pied, que l'on fait marcher en un seul groupe, à 150 ou 200 mètres en arrière du gros convoi. Un ou deux cavaliers les surveillent et, dès qu'un chameau chargé tombe et ne peut se relever, le sokrar reste près de lui, le décharge et fait demander un animal de renfort. Le nombre de chameaux haut-le-pied est calculé d'après la force du convoi, la durée du trajet, le pays à parcourir, etc. On peut l'estimer du 10e au 15e de l'effectif total.

Le chargement ne doit pas dépasser 150 kilogrammes; il y a même intérêt à se tenir au-dessous de ce chiffre : soit 120 kilogrammes en moyenne. Il faut encourager les bonnes relations entre sokrars et soldats et veiller à ce que ceux-ci n'abusent pas des chameliers et ne les brutalisent. Le sokrar (chamelier) est un être particulier qu'il faut étudier, connaître et surveiller. Ceux que l'on reçoit généralement ne sont pas propriétaires des animaux et ils ne s'en occupent réellement que si on les y force. Ces gens-là ont certainement des qualités spéciales de sobriété et d'endurance ; ils sont braves, mais ils ont aussi les défauts de leur race poussés à l'extrême : ils sont paresseux, fourbes et rapaces, et ils réclament sans cesse contre le service. Il faut vaincre ces vices dès le début. A part cela, ce sont des auxiliaires indispensables, dont il faut s'occuper et que l'on doit traiter avec justice.

Pendant la marche, les sokrars peuvent ramasser du « drinn » et autre nourriture pour l'animal, si possible, sans sortir de la colonne toutefois. Dès que l'on arrive au campement, le chameau est déchargé avec précaution ; si le pays et les circonstances le permettent, il est envoyé de suite au pâturage, sous la protection de vedettes et de cavaliers prêts à combattre. S'il n'y a pas de pâturages dans le voisinage du camp, on donne 2 kilogrammes d'orge en moyenne par jour et par animal. On fait boire le chameau chaque fois qu'on le peut; s'il boit tous les jours, il ne s'en porte que mieux ; mais c'est chose difficile dans ces contrées sahariennes, surtout en été. Cependant, si le chameau reste plusieurs jours sans boire, il dépérit ; s'il y a exagération, il meurt.

Eau. — L'eau est transportée le plus souvent dans des tonnelets renfermant environ 45 litres et dans des peaux de bouc spéciales appelées « guerba ». Les tonnelets doivent être l'objet d'une surveillance constante ; il faut veiller à la conservation de l'eau : quantité et qualité. Les guerbas renferment de 15 à 20 litres. Elles doivent être de bonne qualité, éprouvées et bien entretenues, autrement elles perdent l'eau, comme cela est arrivé souvent. Il faut en prendre un soin méticuleux, et ne pas oublier que la « guerba » seule ne saurait suffire en raison des aléas auxquels elle est soumise. Elle doit surtout être considérée comme un complément de liquide à utiliser le premier jour. Le tonnelet doit être également l'objet de soins minutieux : il faut le bien nettoyer avant le remplissage, le passer à l'acide chlorhydrique et veiller de près à la solidité des cercles. Il y a lieu de le munir d'une broche attachée au cerceau avec une chaînette métallique, et non d'une bonde sans épaisseur qui se perd toujours dès le premier jour ou que les hommes, trop pressés, enfoncent dans le récipient.

Mais le tonnelet actuel offre d'autres inconvénients : il est trop lourd (15 à 17 kilogr.) et constitue un poids mort considérable. On pourrait le remplacer par des caisses cylindriques en métal léger, de l'aluminium par exemple, lesquelles seraient garanties contre les chocs par une armature solide en bois, munies de chaînettes d'attache aussi fortes que celles actuelles, mais plus longues et plus légères.

On augmenterait la capacité jusqu'à 60 litres, par exemple, et l'on arriverait ainsi à faire transporter facilement 120 litres par chameau. Un bouchon métallique à vis, fixé par une chaînette à l'armature, assurerait la fermeture.

Pour tirer l'eau des puits, généralement assez profonds, il est nécessaire d'avoir au convoi une ou deux chèvres portatives en bois, formées de trois montants mobiles articulés au sommet par une armature en fer. A l'armature est fixé un crochet pour poulie ; les trois montants se replient l'un contre l'autre et peuvent facilement être transportés à dos de chameau. Le récipient est un seau en cuir ou la « delou » des indigènes. Si le puits est assez large, on peut placer deux poulies sur la chèvre. Pour faciliter le puisement de l'eau par les hommes, ainsi que pour abreuver facilement les animaux et le troupeau, il est utile d'avoir à sa disposition des auges ou bassins en zinc susceptibles d'être portés sur les chameaux et d'une longueur moyenne de 1^m,50 à 1^m,80, avec 0^m,60 de largeur et 25 à 30 centimètres de profondeur. Les bords en sont quelque peu évasés. Une équipe particulière veille à ce que ces cuves soient constamment remplies. Enfin, certains ustensiles spéciaux, tels que : « delous », crochets, « falals », pioches, couffins, etc., compléteront l'équipage d'eau.

Tout ce qui a trait à l'eau doit être du ressort direct du commandement même; c'est un officier ou un sous-officier qui doit avoir la direction et la surveillance du convoi spécial d'eau.

Le commandant de la colonne lui donne ses ordres pour les distributions et le remplissage des tonnelets. On ne saurait, en effet, prendre trop de précautions à ce sujet. Dès les premiers jours, il est indispensable de se montrer d'une sévérité irréductible et d'exiger une stricte discipline de la part de tous. Les hommes ne doivent pas avoir accès dans le convoi d'eau. Il faut, en outre, obliger les hommes de troupe à emporter leurs bidons de deux litres remplis le matin avant le départ, et les habituer peu à peu à supporter la soif et à ne boire que sur l'ordre du chef de section. Cela est facile à obtenir avec des indigènes, plus difficile avec des Français ; mais, au bout de quelques marches, chacun a compris la valeur de l'eau et les inconvénients du gaspillage.

Le remplissage des tonnelets est une opération délicate qui exige à la fois une grande patience et une extrême conscience. Cette opération doit être surveillée de très près par les officiers qui en sont chargés.

Sacs des hommes. — L'infanterie marchant sans sacs, les effets que l'homme ne doit pas porter sur lui seront chaque matin, dès le réveil, soigneusement pliés et placés dans ou sur le havresac, lequel sera porté ensuite au chameau.

Le havresac, ainsi arrimé, pèse en moyenne 15 kilos, d'après l'expérience faite au 1er tirailleurs (il est moins lourd au 2e bataillon d'Afrique). On placera donc 10 sacs et pas davantage sur chaque chameau. Il est même préférable de ne pas emporter de havresac, effet lourd et volumineux qui constitue un poids mort aussi considérable qu'inutile, et de confectionner des ballots avec le linge et la chaussure indispensables renfermés dans un sac de toile. Les bidons et gamelles ne doivent pas être suspendus aux flancs du chameau, ce qui pourrait le blesser ou tout au moins l'effrayer. On ne doit placer aucune arme, fusil ou autre, sur les charges. Le soldat d'infanterie portera toujours avec lui son fusil, ses cartouches, un bidon de deux litres et son étui-musette, renfermant le quart et les vivres du jour. Chacun doit marcher à sa place dans le convoi, et aucun soldat ne doit monter sur un chameau sans un ordre écrit du médecin traitant ou du chef de colonne.

Dispositif de marche de la colonne

Pour la marche, il est formé généralement deux groupes, ainsi que l'indique l'Instruction de M. le général commandant en chef le 19e corps d'armée, en date du 5 juillet 1890 :

1° Échelon de manœuvre ;
2° Convoi.

Mais pour les petites colonnes constituées par le fractionnement de la colonne principale, on ne formera qu'un groupe, le *convoi*, avec une avant-garde de cavalerie. Quelques cavaliers seront laissés à l'arrière-garde, avec les cacolets pour ramener les malades ou blessés. Si l'on a un *goum*, on le disposera sur le flanc de manière qu'il n'encombre jamais le convoi.

Un convoi de 1500 à 2,000 chameaux s'étend sur une grande profondeur, surtout si la colonne doit cheminer dans des vallées resserrées, comme ce sera souvent le cas sur les hauts plateaux ravinés du Tadmaït. Le chef de convoi devra exercer la plus grande surveillance à ce sujet afin d'éviter un allongement démesuré. L'allongement, en effet, est l'écueil de tout convoi et souvent la cause unique de sa perte. Il faut cependant s'attendre à voir le convoi s'étendre parfois sur une longueur de 1 à 2 kilomètres. Dans ces conditions, la défense contre les entreprises d'un ennemi aussi mobile qu'entreprenant (Touareg) exige que l'infanterie de garde au convoi soit toujours prête à repousser l'attaque et que, d'autre part, le commandant de la colonne ait toujours sous la main un groupe tout à fait mobile, qu'il puisse porter rapidement sur le point menacé. C'est ce qui a amené le fractionnement des grosses colonnes en deux groupes, ainsi qu'il a été dit ci-dessus.

Pour la colonne d'In-Salah, nous avons admis le fractionnement en trois petites colonnes se succédant sur la route, en raison surtout du manque d'eau et de pâturages. Chaque fraction forme les groupes comme il suit :

1° Groupe léger. . . . . Cavalerie.
2° Convoi. . . . . Infanterie.

1° *Exploration et sûreté.* — *Groupe léger.* — Le service d'exploration est assuré par des goumiers placés sous le commandement d'un officier des Affaires indigènes. Cet officier prend les ordres du commandant de la colonne ; il fait fouiller les terrains et reconnaître les points dangereux ou les passages difficiles à traverser, etc...

Le service de sûreté rapproché est assuré par la cavalerie régulière Il se confondra, dans le cas qui nous occupe, avec le service d'exploration et sera assuré par le *groupe léger.* Ce groupe comprendra toute la cavalerie de chacunes des petites colonnes. Il arrivera parfois, pour refouler une attaque, que la cavalerie sera obligée de s'éloigner à une certaine distance de l'infanterie. Dans ce cas, si elle a affaire avec des forces sérieuses, elle fera usage du combat à pied. L'ennemi repoussé, elle devra rejoindre rapidement la colonne principale.

2° *Convoi.* — L'infanterie du convoi se formera toujours pour la marche en deux dispositifs, toujours les mêmes, selon que l'on pourra s'étendre en plaine ou bien que l'on sera contraint de cheminer dans un espace resserré :

1° En carré ;
2° En colonne.

1° *Marche en carré.* — Le convoi doit marcher en carré toutes les fois que l'étendue du terrain le permet, ce dispositif étant de beaucoup le meilleur pour éviter l'allongement, et pour la défense en cas d'attaque inopinée.

Le carré doit être assez vaste pour contenir tous les chameaux ; on espace plus ou moins les unités, mais il est indispensable d'avoir des troupes tout le long des flancs.

L'infanterie formant les quatre faces du carré, marche, dans les première et quatrième faces, soit par le flanc des subdivisions, par deux hommes non doublés avec larges intervalles,

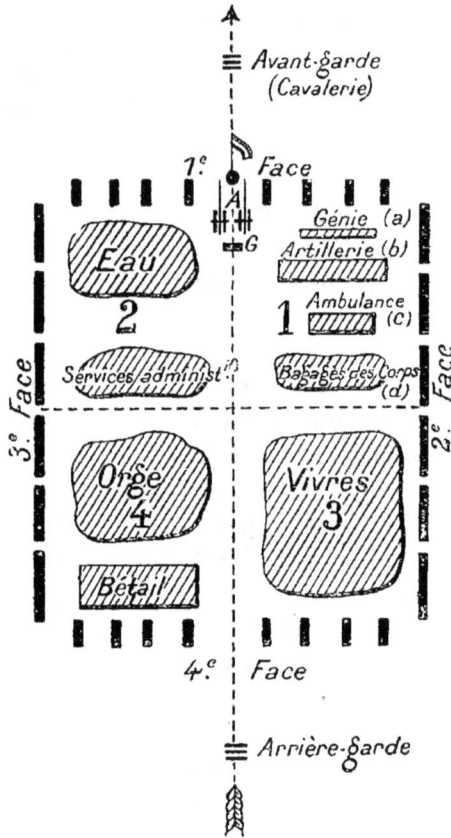

soit par le front des subdivisions (sections, demi-sections ou escouades) ; dans les deuxième et troisième faces, elle marche toujours par le flanc et par files non doublées.

L'artillerie de combat (pièces) marchera sur les traces du guide général de la colonne, au milieu de l'infanterie de la première face.

Le *génie* vient ensuite, généralement.

Le *convoi*, comprenant le train de combat, le train régimentaire, l'eau et les vivres, marche dans l'intérieur du carré.

Il forme quatre groupes distincts occupant chacun des angles intérieurs du carré, ainsi que l'indique la figure ci-contre.

Le bétail marche avec l'orge et en arrière quand on ne peut pas le faire marcher en avant sous la protection de l'avant-garde. Le tout constitue ainsi un ensemble complet, se mouvant sur le sol comme un vaisseau qui trace un sillon sur la surface des eaux.

Les quatre groupes du convoi doivent toujours être formés, quel que soit l'effectif de la colonne, savoir :

    1. — Matériel et bagages [1] ;
    2. — Eau ;
    3. — Vivres ;
    4. — Orge et bétail.

L'ordre le plus grand doit toujours régner dans le convoi, car il ne faut pas perdre de vue que, dans le Sud, le sort d'une colonne dépend de l'arrivée des vivres. Un officier ou un sous-officier, choisi selon l'importance du convoi, est spécialement chargé de sa direction et de sa discipline, avant, pendant et après la marche (vaguemestre général). Un gradé inférieur est mis à la tête de chaque groupe, s'il y a lieu.

Il est prévu un *sokrar* pour *quatre* chameaux et un *bachamar* pour *six sokrars*. Ceux-ci s'occupent spécialement du chargement, de la conduite et des soins à donner au chameau ainsi que de sa nourriture. Les sokrars doivent être sans armes ; il leur est défendu de pousser des cris stridents ; ils arrêtent et entravent l'animal, quand c'est nécessaire. Les bachamars peuvent être

---

[1] Dans le premier groupe, les chameaux ou mulets sont disposés dans l'ordre suivant :
    a) Génie ;
    b) Artillerie ;
    c) Ambulance ;
    d) Bagages des corps.

montés et armés. Des cavaliers réguliers (spahis) maintiennent l'ordre.

2° *Marche en colonne.* — Quand le passage devient trop étroit, le convoi se forme en files, sur une plus ou moins grande largeur. L'escorte est répartie en fractions constituées sur tout son développement. La première face continue sa marche par le flanc, suivie du premier groupe du convoi ; puis vient l'infanterie de la deuxième face, suivie du deuxième et du quatrième groupes (eau et orge) ; puis la troisième face, suivie du troisième groupe ; enfin, la quatrième face derrière et, un peu plus loin, l'arrière-garde.

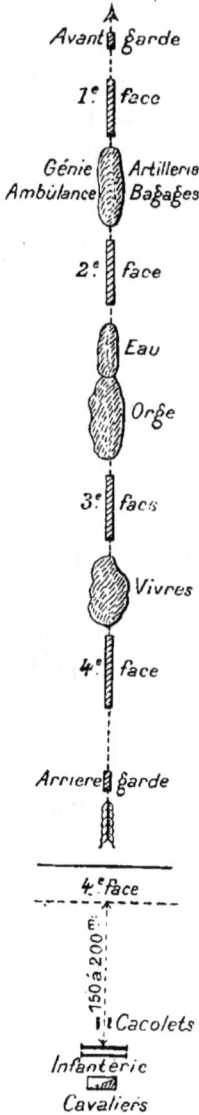

L'infanterie des faces marche sur les flancs, ou même dans le convoi, si le chemin est très encaissé. Dans ce dernier cas, on dispose d'avance des flancs-gardes.

L'arrière-garde, plus ou moins forte, se tient à quelque distance de la colonne et groupée ; elle est accompagnée de deux cacolets (ou quatre) et de quelques cavaliers. Sa mission est de surveiller ce qui se passe en arrière et de faire rejoindre les retardataires. On ne doit laisser aucun homme en arrière dans les marches, car la colonne disparaît vite à l'horizon dans les plaines dénudées du Sahara, et il suffit souvent d'un léger coup de vent pour en faire disparaître les traces.

Il faut éviter aussi, dans le Sud surtout, d'étendre et de disséminer les avant-gardes et les arrière-gardes et de laisser marcher des fantassins isolément et éloignés l'un de l'autre ; partout et toujours le groupement, qui fait la force, s'impose à l'infanterie.

Si le défilé à traverser est long et encaissé, il sera alors indispensable de placer des flancs-gardes prises

Avant-garde
1re face
Génie Artillerie
Ambulance Bagages
2e face
Eau
Orge
3e face
Vivres
4e face
Arrière-garde

4e Face
150 à 200m
Cacolets
Infanterie
Cavaliers

dans l'infanterie de la première face, ou, si la chose est possible, de faire marcher une partie des deuxième et troisième faces sur les flancs, en dehors et à hauteur du convoi. Il est essentiel de faire occuper le débouché par l'avant-garde si le défilé est très étroit, à pentes abruptes et par trop long. Au delà, on arrête la tête de la colonne pour reformer le carré, si c'est nécessaire, et faire serrer. Il faut aussi et surtout éviter de laisser enlever son arrière-garde. En un mot, se rappeler les principes du maréchal Bugeaud : « *Occupation des hauteurs qui dominent les défilés par des flancs-gardes fixes, qui se relèvent successivement, et constitution d'une forte arrière-garde* ».

La halte horaire a lieu toutes les 50 minutes, comme le prescrit le règlement. On en profite pour remettre de l'ordre dans le convoi et faire rallier les animaux en retard. Mais, dans la pratique, il ne faut pas arrêter entièrement le convoi; les fantassins seuls s'arrêtent pour se reposer un peu. Quand le chameau est chargé, il est bon de ne le décharger qu'à l'arrivée au gîte d'étape. Aussi, ne doit-on faire de grand'halte que si l'étape est longue et dépasse 30 kilomètres environ.

Il n'est pas fait de sonneries.

Le rapport de la veille fait toujours connaître l'heure du réveil, le boute-charge et l'heure du départ, ainsi que l'ordre de la marche.

Bien que la marche des chameaux soit lente, l'escorte doit s'y conformer ; c'est toujours une imprudence, même loin de l'ennemi, de laisser son convoi derrière soi.

Les officiers de compagnies surveillent la marche.

Un bon guide la dirige.

Une partie de la garde de police descendante (la moitié) est à la disposition du chef de convoi pour le maintien de l'ordre. Aucun autre soldat ne doit marcher au milieu des animaux du convoi, sauf une ordonnance par officier, aux bagages, — les chevaux de main et leurs conducteurs, — et les infirmiers et soldats d'administration qui forment un groupe spécial. Tous doivent porter armes et munitions sur eux.

Bivouacs.

Le lieu où les troupes s'installent pour passer la nuit se nomme *bivouac*. C'est toujours, en campagne, un endroit facile à défendre, tout en étant situé à proximité du bois, de l'eau et du fourrage. Le terrain doit être assez élevé, à flanc de coteau par exemple, et il faut proscrire absolument tout campement dans le fond d'une vallée, par crainte des orages et des fièvres.

On campe toujours en carré dans le Sud. L'infanterie couvre les quatre faces, à moins qu'elle ne soit pas assez nombreuse, auquel cas on fait camper la cavalerie sur une des faces, la 4e généralement, ainsi que le génie et l'artillerie. Cela dépend des effectifs et de la composition de la colonne. L'ordre journalier peut, du reste, modifier la forme du camp selon les circonstances et la composition des troupes dont on dispose.

Le goum campe toujours à part.

Choix du terrain. — Le chef d'état-major fixe et détermine l'emplacement du camp. Un peu avant l'arrivée de la colonne, il se fait rejoindre par un adjudant-major, ou faisant fonction, d'infanterie et un sous officier monté de chaque autre détachement, puis il se porte en avant, sous la protection de la cavalerie, pour reconnaître et déterminer le lieu du bivouac. Il place deux cavaliers à chaque extrémité de la première face du carré, et même, s'il a le temps, il en dispose quatre, pour indiquer les quatre angles ; il fait connaître à l'artillerie, au génie et à la cavalerie leur emplacement. Un fanion, si possible, indique l'angle d'épaule de droite (angle des 1re et 2e faces). La première face est toujours dans la direction de la marche du lendemain.

Le lieu choisi doit être assez vaste pour que tous les éléments de la colonne y soient à l'aise et que tous les chameaux tiennent facilement dans l'intérieur du carré ; aucun d'eux ne doit séjourner dehors. Pour une compagnie complète, par exemple, chaque face serait occupée par une section avec larges intervalles entre les escouades et les tentes ; celles-ci sont dressées par 4 hommes au lieu de 6, pour en augmenter le nombre, s'il y a lieu.

L'installation doit être prompte et rapide, de façon à éviter toute fatigue inutile pour le soldat. Il est nécessaire, par conséquent, d'adopter un type uniforme pour la même colonne que chacun connaît dès le premier jour. Les gardes intérieures du camp (police) et les grand'gardes sortent dès l'arrivée au camp et sont dirigées de suite sur leur emplacement probable.

L'infanterie forme les faisceaux et attend l'arrivée des chameaux. Les corvées sont commandées ; des sentinelles spéciales sont placées aux faisceaux — qui seront serrés le soir. — Les chameaux entrent dans l'intérieur du carré et sont arrêtés à la place indiquée. Les groupes occupent toujours la même place par rapport à la première face du carré. Les bachamars les font décharger par les sokrars et rangent les charges en ordre, de manière qu'elles puissent être facilement inspectées à l'arrivée et non moins facilement rechargées le lendemain au réveil.

Les hommes viennent prendre en ordre les havresacs, les tentes et cantines des officiers, le matériel de popote…, le tout sans bruit. On installe alors le camp et l'on dresse les tentes.

Les officiers campent derrière leur troupe ; ils veillent à ce que les chevaux soient solidement attachés. Les hommes dressent leurs *tentes* par quatre (ou six) derrière les faisceaux. Ils doivent avoir soin de battre les herbes et les buissons avec les bâtons pour chasser les reptiles, et soulever prudemment toutes les pierres pour prendre les scorpions.

Les *cuisines* sont placées un peu en avant des faisceaux (15 pas environ). Avoir soin de déblayer le terrain des herbes, au moins à 2 mètres autour de chaque foyer, pour éviter les incendies dans le camp.

Il est essentiel de faire garder les points d'eau, s'il y en a. Enfin les corvées sont conduites avec ordre et en silence. Aucun homme ne doit quitter le camp sous quelque prétexte que ce soit, isolément ou en groupe, avant que tous ces préparatifs ne soient terminés.

S'il y a des pâturages dans les environs du bivouac, on y envoie les chameaux librement, mais seulement dans un rayon restreint bien indiqué et bien gardé par des vedettes de cavalerie, le pays n'étant jamais sûr. Ne pas perdre de vue qu'il faut non seulement avoir des vivres et les conserver, mais aussi conserver et garder les chameaux nécessaires à leur transport. Les cavaliers de garde doivent toujours être prêts à combattre.

S'il n'y a pas de pâturages dans le voisinage immédiat du camp, outre le drinn ramassé en route par les sokrars, il sera donné un peu d'orge (1 à 2 kilos) aux chameaux. La plupart la mangent très bien. Il suffit de 2 à 3 jours pour les y accoutumer. On les fera boire quand ce sera possible. Il en sera de même du troupeau.

Les *feuillées* sont creusées en avant des faces, assez loin pour qu'on n'en soit pas incommodé et assez près cependant pour que les hommes puissent s'y rendre sans danger pendant la nuit. La distance de 100 pas semble bonne ; devant l'ennemi, on ne peut songer à les éclairer ; on les dissimule si possible (voir instruction du 15 novembre 1892). Les jours de séjour, il y a lieu de désinfecter et remplir les anciennes, chaque soir, et d'en creuser de nouvelles (se reporter aux prescriptions hygiéniques en marche).

L'entrée dans l'intérieur du camp doit être interdite aux étrangers. Près des oasis, on pourra installer des marchés à proximité du bivouac ; mais aucun homme ne devra aller dans les ksour sans autorisation.

Service. — Garde de police. — L'infanterie fournit chaque jour, dès l'arrivée au camp, une garde de police de 15 hommes (pour les 3 compagnies) ou 6 hommes et 1 caporal pour une compagnie, sous les ordres d'un sergent avec 1 caporal, ou faisant fonctions, et un clairon. Cette garde placera les sentinelles suivantes :

1 devant les armes ;
1 au commandant de la colonne ;
1 à l'eau ;
1 à l'administration.

Au besoin, il est envoyé un petit poste détaché près des puits.

Le commandant de la garde de police montante, après avoir placé les sentinelles nécessaires, prend les ordres de l'officier de jour, fait faire des rondes et assure le service. Le clairon de la garde de police seul fait les sonneries indiquées par le commandant de la colonne.

Aucun bruit ne doit se faire entendre le soir après l'appel ni avant le réveil. Le repos de la nuit est le seul qui soit salutaire

et toute cause pouvant le troubler doit être soigneusement
évitée.

La levée du camp a lieu avec rapidité et en silence ; les chameaux sont chargés avec soin et chacun doit être prêt à l'heure
fixée pour le départ.

La garde de police assure la surveillance du convoi, ainsi
qu'il a été dit. Les hommes disponibles rejoignent leur compagnie.

Ordre. — **A** la sonnerie de l'ordre, ou à l'heure fixée, les
fourriers se réunissent à la tente du commandant de la colonne
pour écrire les décisions et ordres. L'ordre fixe : l'heure de
l'appel du soir — celle du réveil (boute-charge 20 minutes après)
— celle du départ — l'ordre de marche — l'itinéraire — la première halte horaire — l'heure et la durée de la grand'halte (s'il
y a lieu) — le service à fournir — les renseignements reçus et
les prescriptions particulières du commandant de la colonne.

Visite de santé. — La visite de santé est passée chaque soir,
généralement vers 4 heures. Les jours de séjour elle a lieu le
matin à 8 heures.

Distributions. — Les distributions pour le lendemain ont
toujours lieu le plus tôt possible après l'arrivée, de façon que la
soupe puisse être mangée avant la nuit et que chaque homme
puisse emporter sur lui le repas du lendemain matin et les vivres
d'un jour. La distribution de l'eau est faite également aussitôt
l'arrivée, avec la plus grande impartialité : 5 litres par homme
et par jour ; 20 litres par cheval ou mulet. La viande est abattue
soit avant l'arrivée, soit après si l'ennemi est à craindre, et distribuée aussitôt que possible. Le sucre et le café ne doivent
pas être ménagés ; ils remplacent avantageusement, dans ces
parages, le vin, dont il ne faut pas abuser, et même l'eau-de-
vie. Le riz est à introduire dans l'alimentation, pour remplacer
les légumes verts, et aussi, et surtout pour combattre les effets
des eaux chargées en sels purgatifs.

Sous-Intendant. — *Le sous-intendant militaire* marche généralement avec l'état-major de la colonne ; il doit principale-

ment se préoccuper de ce que l'on appelle l'alignement en vivres.

Un officier remplit les fonctions de *vaguemestre général* : il a la surveillance du convoi. Il indique la place de chaque corps dans le train régimentaire et surveille le convoi administratif proprement dit et les indigènes. Quelques cavaliers sont mis à sa disposition. Le service de la poste est organisé, au moyen de courriers, dans la mesure du possible. S'il n'y a pas de payeur, il ne peut être délivré de mandats.

Ferrure. — Un ou plusieurs maréchaux ferrants des corps montés sont désignés pour entretenir la ferrure des chevaux des officiers sans troupe et d'infanterie. On doit se munir de fers de réserve et de clous.

Avant-postes.

En principe, principe consacré par l'expérience, chaque face du camp se garde elle-même, sous la responsabilité de l'officier le plus élevé en grade des troupes de cette face, et sous la direction du chef de la colonne ou de son chef d'état-major, s'il y en a un. L'officier de jour, chef de bataillon d'infanterie ou autre, a la surveillance des avant-postes, des patrouilles et des rondes et le commandement, en cas d'alerte, des fractions de piquet, s'il y a une garde générale du camp. L'effectif à détacher en avant des faces pour la garde du camp dépend de l'effectif de la colonne et varie du tiers au sixième de l'infanterie, c'est-à-dire, par exemple, que l'on installera en avant d'une face occupée par une compagnie, une section de ladite compagnie.

Le service se divise en :

1º Service de jour ;
2º Service de nuit.

1º *Pendant le jour*, la cavalerie ennemie pouvant fondre à l'improviste sur le camp, il est nécessaire de se garder à grande distance. Ce rôle incombe à la cavalerie et autres troupes montées (goumiers et méharistes). La cavalerie détache des vedettes au loin, sur les points culminants, d'où l'on peut le mieux voir et surveiller les environs du camp et les chemins naturels (ravins, lits d'oueds) qui y conduisent. En arrière de ces vedettes et à une distance variant de 250 à 500 mètres des faces, selon le terrain et l'effectif de la colonne, s'établissent les escouades ou sections d'infanterie, avec un factionnaire à quelques pas en avant du groupe. Ces postes sont installés de préférence aux points qui commandent les abords immédiats du terrain de bivouac.

2° *Pendant la nuit*, les attaques sérieuses sont moins à craindre, mais il faut se garder contre les surprises et tentatives ayant pour but surtout d'enlever des sentinelles, de voler des armes ou du matériel, de jeter la panique dans le camp, etc.....
C'est généralement un peu avant le jour, vers le réveil, alors que tout le monde est déjà occupé du départ, que ces surprises se produisent. Il faut donc se garder, la nuit, à petite distance, et c'est le rôle de l'infanterie seule.

En conséquence, le soir, à la chute du jour, cavaliers et goumiers rallient le camp, et l'infanterie reste seule chargée de sa garde. Elle se rapproche des faces, à 150 ou 200 mètres, et même moins pour les petites colonnes. Elle est établie sur des emplacements reconnus le jour, et des sentinelles sont placées aux endroits favorables, mais assez rapprochés. Les tentes ne sont pas dressées aux avant-postes et les hommes de garde ne doivent se reposer que par moitié. On creuse des tranchées-abris, lorsque c'est nécessaire, et notamment quand on doit séjourner plusieurs jours de suite sur les mêmes emplacements.

Enfin, on peut aussi disposer des postes de quatre hommes aux points qu'il est indispensable de faire surveiller tout particulièrement sur les routes, et même tout autour du camp. Dans les nuits obscures ou sans lune, si l'on a pu se procurer du bois ou des broussailles pendant le jour, on prépare des foyers et l'on allume des feux de façon à éclairer les abords du camp, tout en le laissant dans l'obscurité. Ces foyers sont placés à une centaine de mètres en avant de l'emplacement de nuit des postes de sûreté qui doivent être dissimulés également et dans l'ombre.

Alertes. — En cas d'alerte, de jour comme de nuit, chacun doit conserver le calme et le sang-froid indispensables pour éviter tout désordre. Si des coups de feu sont tirés aux avant-postes ou même sur le camp, il n'y a pas lieu de s'étourdir, ni de trop s'en préoccuper. Il résulte, en effet, de l'expérience des guerres passées, que les Arabes tentent rarement des entreprises sérieuses la nuit, mais qu'ils excellent à harceler les avant-postes et à priver ainsi la colonne du repos. Les avant-postes seuls prennent les armes. Au camp, l'infanterie se porte derrière les faisceaux avec calme et en silence; elle attend des ordres. La cavalerie selle et bride et reste en place, le cavalier à la tête de son cheval. Les convoyeurs indigènes s'accroupissent près de leurs animaux qui sont solidement entravés, et s'abstiennent de tout cri, sous peine d'être immédiatement passés par les armes. Les lumières et feux, s'il en reste, sont éteints; le silence doit régner partout.

Aucun coup de fusil ne doit être tiré la nuit, sauf le cas où une sentinelle ne peut sauver sa vie qu'en tirant sur son adversaire.

Le commandant de la colonne se rend compte de la situation et donne des ordres. Il a dû déjà, du reste, prévoir le cas, comme exercice d'instruction; à la sonnerie de « la générale », chacun prend son dispositif de défense en cas d'alerte.

Combat.

En Algérie, dans le Sud principalement, aussi bien contre les hommes à pied que pour repousser les attaques de la cavalerie, l'infanterie doit toujours combattre par groupes plus ou moins forts, mais compacts, et les hommes, placés coude à coude sur un et même deux rangs. Le combat en tirailleurs espacés à grands intervalles doit être proscrit. Le règlement actuel de l'infanterie est donc applicable dans tous les cas qui peuvent se présenter. Il faut éviter, en cas de fuite de l'ennemi, de trop s'éloigner du gros de la colonne, en pays de plaine, comme en montagne, et surtout sur les plateaux sans limites appréciables. On poursuit les fuyards au moyen de feux de salve, à longue portée, bien ajustés. Les *carrés*, si on a le loisir d'en former plusieurs, doivent se prêter un mutuel secours.

Le combat diffère selon que l'attaque a lieu de jour ou de nuit.

A. — *En plein jour* et en marche, dès que l'ennemi est signalé, le convoi s'arrête et serre sur la tête. L'escorte se forme sur un

ou deux rangs, régulièrement, de façon à encadrer tout le
convoi, et fait face en dehors. Les armes sont chargées au commandement seulement des commandants des faces. Les troupes
de l'échelon de manœuvre, s'il y en a un, se portent sur le point
le plus favorable et se forment également en carré. La cavalerie
et les goums rentrent dans les angles morts et renforcent les
faces, attendant le moment de charger. Les sokrars font coucher
les chameaux, les entravent solidement et s'accroupissent eux-
mêmes à côté sans pousser aucun cri. L'ordre et le silence doivent régner dans le convoi.

Le feu est ouvert à bonne portée dès qu'il y a lieu.

Dès que l'ennemi repoussé est en fuite, il est poursuivi par
des feux et par la cavalerie, puis le convoi reprend sa marche
vers le gîte d'étape escorté par l'infanterie.

Les troupes montées à méhara combattent à pied.

La cavalerie se porte là où sa présence peut être utile pour
renforcer une face du carré plus menacée ; elle est toujours prête
à charger et, dès que l'ennemi faiblit et s'enfuit, elle se lance
hardiment à sa poursuite. Toutefois elle doit éviter de disséminer
ses forces, de s'éparpiller en désordre et de s'éloigner par trop
du gros de l'infanterie. Les retours offensifs font partie de la
tactique des cavaliers arabes et ils sont toujours dangereux, pour
un vainqueur momentanément en désordre. Les exemples de ce
genre sont trop nombreux pour qu'il soit utile d'insister.

B. — *Pendant la nuit*, le désordre est plus à craindre si
l'ennemi attaque inopinément et par surprise. C'est alors qu'il
faut du calme et du sang-froid. Mais, ainsi qu'il a été dit pour
les alertes, il est rare que les arabes attaquent sérieusement la
nuit. Cependant il faut veiller sur le camp et bien recommander
à tous le maintien de l'ordre et du silence en pareil cas ; cela
suffit souvent pour rendre ces attaques vaines et sans portée.

Tenue. — Matériel.

MODIFICATIONS A Y APPORTER.

Officiers. — Tenue et harnachement de campagne réglemen-
taires.

Les officiers non montés doivent toujours être à pied.

Le salacco est toléré pendant les chaleurs, ainsi que le veston de toile ou molleton, et, pour les officiers montés, la culotte de toile. Revolver en sautoir.

Troupe. — Tenue de campagne d'Afrique de l'arme, pantalon de toile en toute saison, pour les hommes à pied. — Blouseau en été et veste en hiver ; couvre-nuque sous la coiffure. Le pantalon de drap est toujours pris en été à partir de 5 heures du soir.

Les havresacs, ainsi qu'il a été dit, sont généralement transportés à dos de chameaux. Le soldat d'infanterie ne porte sur lui que son fusil, ses cartouches, un bidon de 2 litres et son étui-musette.

Les effets doivent être neufs ou très bons au départ. Une réserve d'effets (chaussures, pantalons et blouses principalement) suit toujours la colonne.

Il y a lieu de tenir compte des prescriptions hygiéniques, rappelées par la circulaire ministérielle, sur l'hygiène des troupes en marche, du 30 mars 1895.

L'expérience des routes et séjours dans les régions sahariennes a nettement démontré que certaines modifications devaient être apportées à la tenue actuelle des troupes.

Voyons d'abord la *chaussure,* qui joue un rôle si important dans les marches et en tout pays, mais surtout dans le Sahara.

Dans ces contrées où il n'y a que du sable ou des cailloux plus ou moins aigus, la chaussure habituelle s'use avec une rapidité extraordinaire. On constate en effet que, en dehors de l'usure proprement dite déjà considérable, l'empeigne se sépare souvent de la semelle, même dans les souliers neufs. Ce divorce de deux éléments, liés entre eux d'une façon généralement solide, ne peut s'expliquer que par l'influence de la chaleur sur la poix ; cette dernière fond et alors le fil s'effiloche, se coupe ou se casse, usé par le sable qui pénètre partout. Des essais ont été faits au sujet de la conservation de la chaussure et il en est résulté que l'huile est le meilleur des ingrédients à employer ; elle imprègne mieux que n'importe quel autre corps gras le cuir et le fil.

Un fil de fer très fin et très malléable peut aussi être utilisé pour faire des points de suture sur les bords des semelles.

Pour ces mêmes raisons, le brodequin est préférable au soulier avec guêtres ; il n'y a plus le sous-pied qui se dessèche et se casse dans le sable.

La chaussure actuelle des sahariens, que l'on fabrique un peu partout dans l'extrême-sud, mais principalement à Ghardaïa, avec de la peau de chameau, sous le nom de « Kh'alfallah » est aussi à recommander pour marcher dans le sable. C'est en outre une excellente chaussure de repos, et chaque homme de troupe devrait en avoir une paire.

Le *pantalon de toile* des tirailleurs algériens n'est pas pratique dans les régions sahariennes et doit être modifié. Des pantalons, neufs au départ, ont été détériorés dès la 5e étape, bien que l'on ait eu la précaution de les faire laver avant de les mettre en service. Cela tient à ce que la toile se coupe aux plis par suite du frottement avec le sable aigu et dur que soulèvent le vent et les mouvements de l'homme en marche. Ce sable se loge dans les larges et nombreux plis du « seroual » et les coupe, ce qui ne se produit pas avec les pantalons ordinaires sans plis des troupes européennes. Enfin la toile de coton paraît être celle qui résiste le mieux ; elle est la meilleure à employer, en raison de la siccité de l'air, pour la confection des pantalons.

La *coiffure* actuelle, chéchia ou képi, bonne pendant l'hiver, est à remplacer par un « salacco » ou casque en liège (ou cuir bouilli) dès que les premières chaleurs se font sentir. Le casque du modèle actuellement en usage aux colonies est très pratique, même pour les indigènes, qui le portaient à Madagascar avec plaisir. Il ne gêne en rien les mouvements, puisque les hommes n'ont pas le sac sur le dos ; il permet de bien viser, même avec le soleil de face ; enfin, il garantit surtout la nuque. Son emploi journalier évitera bien des maux de tête, saignements de nez et insolations, etc.

Le *havre sac*, que l'on fait porter sur des chameaux, pourrait être supprimé et remplacé par un sac en toile de coton. Il constitue, en effet, un poids mort inutile, puisqu'on ne le porte jamais dans l'extrême-sud.

L'*étui-musette* est très bon et il suffit pour porter les vivres et quelques objets ou effets indispensables dans les marches.

Les piquets de tente en bois actuels ne suffisent pas, vu la nature du terrain, parfois d'une dureté telle que l'on ne peut essayer d'y enfoncer un piquet en bois, malgré le soin apporté au choix des bivouacs. Il y a lieu de munir les hommes de troupe d'un ou de deux *piquets en fer* légers, concurremment avec un ou deux piquets en bois (au total 3).

Actuellement, avec le petit piquet en bois seul, le soldat en est souvent réduit à placer des pierres ou des tas de sable sur les bords de la toile de tente pour la faire tenir, ce qui use prématurément cette toile et la déchire.

Le piquet en fer aurait la forme de ceux en bois, mais plus mince et la tige en serait tordue en tire-bouchon, pour la rendre plus stable dans le sol.

Le fusil, par suite de son système de fermeture à verrou, s'ensable fréquemment et devient inutilisable momentanément, si l'on n'y prend garde. Le sable envahit les culasses mobiles et les met hors d'état de fonctionner. Le fait s'est produit surtout pendant la tempête violente qui a assailli la colonne un peu avant son arrivée à Tit, le 25 mars. Pendant l'arrêt forcé qui eut lieu, les culasses mobiles fonctionnaient difficilement.

Un *couvre-culasse* s'impose donc, mais il faut qu'il soit pratique. Tous ceux employés en route ne répondent aucunement aux besoins ; il ne faut pas que l'arme soit enveloppée de drap ; c'est trop long à dérouler ou à déboutonner avant de charger. Le couvre-culasse doit permettre le chargement de l'arme, sans être préalablement enlevé d'avance et il doit se défaire dans le mouvement de la charge. M. le lieutenant Miélet, du 2e bataillon d'Afrique, a soumis l'an dernier, à Laghouat, un modèle qui semble réunir toutes les qualités nécessaires pour les expéditions sahariennes. Cet appareil est automatique, c'est-à-dire, que l'exécution réglementaire des mouvements de la charge de l'arme suffit à le faire tomber. Dans ces conditions, le tireur n'est jamais désarmé, et en cela, réside la principale qualité de ce couvre-culasse, qui est absolument indispensable dans le pays de sable.

L'armement de la cavalerie est bon, mais celui des spahis sahariens est à modifier. Leur grand sabre, laissé sur le méhari au moment du combat, est inutile ; une lance vaudrait mieux. Mais de préférence à toute autre arme, il y aurait avantage à donner au spahis saharien un fusil avec épée-baïonnette ; il pourrait ainsi se défendre dans le corps à corps. Au combat du

5 janvier 1900 à Déramcha, les Arabes fanatisés par le cadi d'In-Salah ont fait preuve de la plus folle bravoure et ils ont failli arriver jusque sur la ligne des spahis sahariens. On peut se demander ce qui serait alors advenu si la collision avait eu lieu, le spahi n'ayant que sa carabine pour se défendre. En attendant, il est temps de veiller à ce qu'ils aient un solide couteau kabyle.

Artillerie. — *Le matériel actuel de l'artillerie* ne répond pas suffisamment aux exigences du transport à dos de chameau et il y a certaines modifications à apporter tant aux caisses qu'aux bâts, modifications qu'il y a lieu d'étudier avec soin. Déjà, à la suite d'une expérience faite à El Goléa, le 22 novembre 1899, il a été reconnu qu'un chameau, de force au-dessus de la moyenne cependant, ne pouvait pas porter deux canons, pas plus que deux paires de roues ou deux affûts avec leurs accessoires. On est ainsi dans la nécessité de constituer des sections mixtes ; les mulets portent pièces et affûts, comme d'habitude ; les chameaux portent les caisses et le matériel sur des bâts spéciaux. Ce sont d'abord ces bâts qui laissent à désirer, outre que leur emploi n'est pas toujours justifié. En effet, il a été constaté que les bâts de l'artillerie sont trop longs, trop élevés et trop lourds, et les « haouia » trop courtes. Il vaut mieux utiliser encore le vieux matériel arabe, en le consolidant et en lui faisant subir quelques légères modifications de détail.

Ambulance. — *Le matériel d'ambulance* est dans le même cas que celui de l'artillerie ; il y a lieu de faire des expériences sur son transport à dos de chameaux et de le modifier en conséquence.

Les brancards surtout sont encombrants. Sans être trop lourd, ce matériel est surtout d'un chargement long et difficile et il constitue un gros embarras dans le convoi ; il met rapidement hors de service les chameaux qui le portent, si l'on n'y veille pas avec un soin tout particulier. C'est ce matériel, ainsi que celui de l'artillerie, qui met le plus de chameaux hors de service dans les marches.

Services administratifs.

La direction des services de l'intendance est exercée par un sous-intendant militaire. Les services administratifs comprennent un *personnel* d'exploitation et un matériel.

Le *personnel* doit être suffisant pour parer à toutes les éventualités sans trop de fatigues, tant en officiers d'administration qu'en hommes de troupe.

Il ne faut pas perdre de vue que le soldat d'administration a beaucoup à faire dans les colonnes ; que celles du Sahara sont particulièrement pénibles et fatigantes. Outre l'étape qu'il fait à pied comme tout fantassin (il n'y a pas de chameau pour le porter), le soldat d'administration doit, en arrivant au bivouac, veiller au déchargement des caisses et sacs, et à leur arrangement par séries de groupes, préparer et faire les distributions, rétablir l'ordre dans les colis après la distribution, veiller sur le troupeau et le faire manger et boire, etc... Ce personnel doit donc être fortement organisé et assez nombreux pour ne pas être surmené sans qu'il soit besoin d'auxiliaires pris parmi les combattants.

I

FONDS ET SOLDE.

Si aucun agent du Trésor n'est affecté à la colonne, le service de la solde fonctionne d'après les règles suivantes :

Les corps et services emportent les sommes dues jusqu'à la date de départ inclusivement et celles répondant aux besoins de quarante à soixante jours en colonne ; les états de solde et les mandats sont établis en conséquence.

L'ordonnancement des sommes dues est effectué par le sous-intendant militaire de la place de départ ; celui de la colonne assurera l'ordonnancement pour la période de la durée de la colonne.

Des caisses d'artillerie sont mises à la disposition des commandants de détachement pour loger le numéraire ; ces caisses, qui pèsent 10 kilos environ, peuvent contenir quinze mille francs au maximum en pièces de cinq francs ; mais pour faciliter le chargement, il est bon de ne renfermer qu'une somme de 12,000 francs dans chaque caisse, soit un poids de 60 + 10 = 70 kilos, au total 140 kilos.

Les billets de banque ne sont pas admis dans les transactions des oasis du sud ; aussi ne doit-on en emporter que jusqu'à concurrence des sommes qu'on jugerait ne pas pouvoir être dépensées — et à titre de réserve.

Droits aux prestations. — Les officiers venant dans la région saharienne pour la première fois, et ceux qui ont quitté cette région depuis plus de deux ans, ont droit à un mois de solde à titre d'indemnité d'entrée en campagne. Ils ont droit à l'indemnité de cherté de vivres en tout temps, à partir des points déterminés, et à l'indemnité aux troupes en marche à partir du jour du départ de la colonne, cumulativement avec la première.

II

SUBSISTANCES MILITAIRES.

Le service est assuré par la gestion directe.

Droits aux prestations. — Vivres gratuits : Les troupes ont droit, dès le jour du départ de la colonne, et à titre gratuit, à une ration journalière (ration forte) de :

Pain biscuité..........................	0ᵏ700
ou Pain de guerre.....................	0 600
ou Farine.............................	0 500
Riz ou légumes secs...................	0 100
Sel....................................	0 020
Sucre.................................	0 031
Café torréfié.........................	0 024
Viande fraîche........................	0 500
ou Conserves de viande...............	0 250
Saucisses Boissonnet.................	0 025
Graisse de saindoux..................	0 030

Une ration de vin[1] est allouée, à titre gratuit, tous les deux jours aux Français ; elle est remplacée par une ration de sucre et café pour les indigènes. Enfin, une ration de thé hygiénique est allouée quand le commandant de la colonne le prescrit.

Vivres remboursables. — Outre les rations à titre gratuit, il est toujours constitué dans les colonnes, pour les officiers comme pour la troupe, des rations de vivres délivrées contre remboursement.

Les approvisionnements sont calculés de façon que les officiers puissent percevoir, jusqu'à concurrence de trois rations par jour pour officier supérieur et deux rations pour officier subalterne, les denrées entrant dans la composition de la ration prévue pour la troupe. Enfin, on emporte aussi des vivres d'ordinaire pour la troupe, quand c'est possible : sucre et café, riz, haricots, pâtes alimentaires, julienne, pommes de terre, etc.

Les denrées mises en distribution doivent être de très bonne qualité. L'expérience a démontré qu'il y avait lieu, dans les colonnes du Sahara, de modifier les approvisionnements habituels et de supprimer en partie les haricots, lentilles et pois secs, que l'eau magnésienne, que l'on trouve dans la plupart des gîtes d'étapes, ne cuit point. Les hommes de troupe jettent et ne mangent pas ces légumes qui seraient avantageusement remplacés par des conserves de haricots verts, petits pois, flageolets, et, pour varier un peu la nourriture, par des boîtes de sardines choisies.

Toutefois, l'emploi de la sardine est forcément restreint en raison des difficultés de sa conservation dans les pays chauds ; c'est en outre un aliment d'un revient coûteux.

Les conserves de viande surtout doivent être choisies avec soin. Il ne faut utiliser que les conserves françaises, à l'exclusion de toutes les autres, même celles de la Nouvelle-Calédonie, qui ont failli causer des mécomptes dans les colonnes.

---

[1] NOTA. — Le vin doit être l'objet de soins particuliers si l'on ne veut pas le voir bientôt devenir du vinaigre. Les tonnelets qui le renferment doivent être abrités contre les ardeurs du soleil, recouverts de branchages ou d'un prélart épais et souvent arrosés.

Fonctionnement du service de l'alimentation. — Les approvisionnements comprennent, savoir :

a) Les vivres du sac ;

b) Les vivres du convoi administratif.

Vivres du sac. — Ces vivres sont les suivants :

Pain de guerre.	2 jours	
Riz	1 —	
Haricots.	1 —	
Sucre et café torréfié. . . .	2 —	Taux
Sel	2 —	de la
Conserves de viande et potages		ration forte.
condensés.	2 —	
Orge	1 ration	

Ces vivres sont perçus avant le départ de la colonne dans les magasins du service des subsistances militaires.

Vivres du convoi administratif. — Le convoi est approvisionné pour un certain nombre de jours calculé d'après la durée probable des opérations. Les évaluations doivent répondre au nombre des distributions arrêtées à titre gratuit et à titre remboursable.

En ce qui concerne les *vivres-pain,* il est toujours bon d'emporter au départ cinq à six jours de pain ordinaire et biscuité, que l'on consomme d'abord. Il est ensuite distribué *un jour* de pain de guerre et *un jour* de farine, en alternant. Cette dernière sert à faire la galette ou « kessera » à la mode indigène, laquelle est certainement préférable au pain de guerre. C'est aussi incomparablement moins encombrant.

En ce qui concerne les *vivres-viande,* il y a le troupeau qui marche à la suite de la colonne. Sa constitution est un problème à ne pas négliger. Il existe trois catégories de viande : bœuf — mouton — conserves —, à répartir dans un ordre et un mode logiques et non au hasard. La logique et l'hygiène exigeraient par période de quatre jours, deux jours de mouton, un jour de bœuf et un jour de conserves de viande, et ainsi de suite. Mais il est préférable dans le Sahara de supprimer complètement le bœuf et de constituer le troupeau exclusivement avec des moutons. Cet animal résiste à la marche d'une façon absolument remarquable. Certains moutons ont fait, sans rien perdre de leur valeur, toutes les marches de la colonne du Tidikelt pendant *trois* mois. Il est nécessaire de les tondre avant le départ et de les accoutumer à la marche. On aurait ainsi, par périodes de trois jours, deux jours de mouton et un jour de viande de conserves.

On fait marcher le troupeau le matin, de très bonne heure, et on le laisse reposer pendant la grande chaleur. Les moutons paissent en route et au camp s'il y a des pâturages, puis on les fait boire avant la nuit et on leur distribue de l'orge, en cas de pénurie de fourrages. Quant au bœuf, c'est un animal qui résiste peu, s'il n'a pas une nourriture abondante, s'il ne boit pas chaque jour à sa soif. Il a en outre un sabot très sensible, qui s'use rapidement sur les rochers et dans le sable même. Le ferrer ou lui mettre des bottes en cuir, comme l'essai a déjà été fait, ne remédie pas au mal. La fatigue et les privations le font maigrir rapidement et même mourir. Bref, il vaut mieux y renoncer.

Le troupeau est conduit et soigné par des bergers indigènes, dont quelques-uns de la profession de boucher. On leur adjoint quelques soldats pour les surveiller et les défendre en cas de besoin.

Distributions. — Les distributions ont lieu aux heures fixées par l'ordre journalier de la colonne. A l'exception de la viande fraîche qui est distribuée pour le repas du soir et pour celui du lendemain matin, les troupes touchent chaque jour les denrées pour le lendemain.

Le convoi ne pouvant généralement se réapprovisionner en cours de route, il est du devoir de chacun de surveiller strictement les prescriptions de façon à se maintenir toujours dans les limites des proportions arrêtées pour la constitution des approvisionnements.

Le sous-intendant militaire prend toutes les dispositions nécessaires pour empêcher les abus et il les signale au commandant de la colonne.

Enfin, il faut *du bois* pour la cuisson des aliments. C'est encore une chose dont il y a lieu de se préoccuper dans le Sahara où il est loin d'abonder. Il arrive souvent qu'on n'en trouve point au gîte d'étape, et alors on est fort embarrassé si l'on n'a pas eu le soin de s'en procurer en cours de route. D'autre part, il ne faut point se laisser tromper par la surface du sol et s'en rapporter à ce que l'on voit au dehors. Il faut chercher. Tous les végétaux du Sahara ont des racines d'une longueur énorme et fort peu en rapport avec ce qui apparaît à la surface. Cela leur permet d'aller puiser l'humidité nécessaire à leur existence dans le sol. Des racines de « drinn », par exemple, ont jusqu'à 20 et 25 mètres de longueur. Leur extraction, facile d'ailleurs, donne le bois nécessaire à la cuisson des aliments. Ce n'est pas fameux, évidemment, mais ça suffit.

Établissement des bons. — Les bons sont distincts pour les vivres à *titre gratuit* et les vivres à *titre remboursable.*

Ils doivent mentionner très exactement, sous la responsabilité des signataires, l'effectif, la période qu'ils concernent, ainsi que la conversion en quantités métriques.

Le sous-intendant militaire délivre généralement un carnet à souches de bons de distribution à chaque groupe d'officiers vivant à la même table. Les bons portent la mention, en tête et en gros caractères : « Vivres remboursables ».

Enfin, sur l'ordre du commandant de la colonne, il pourra être fait des distributions de farine et orge aux sokrars, à raison de 500 grammes de farine par homme et par jour, et de 2 kilogrammes d'orge par chameau.

Ces denrées sont délivrées à titre onéreux et payées par le sokrar sur son gain. Les bons sont établis par l'officier chef de convoi, et les quantités perçues sont mentionnées par le comptable des subsistances de la colonne sur les listes d'embrigadement, afin que la valeur des denrées distribuées soit retenue au moment du payement.

III.

HABILLEMENT ET CAMPEMENT.

Indépendamment de la réserve d'effets et principalement du lot de chaussures que les corps et détachements doivent toujours emporter avec eux, le convoi administratif comprend, au titre du service de l'habillement et du campement, une réserve d'effets que l'on peut fixer, pour une colonne de 800 à 1000 hommes, aux chiffres suivants :

Paire de souliers	100	1/10ᵉ.
Paire de brodequins	50	1/20ᵉ.
Sacs tente-abri complets	50	1/20ᵉ.
Petites couvertures	50	1/20ᵉ.
Maillets	10	
Gamelles à 8 hommes	30	
Marmites	30	
Seaux en toile	50	1/20ᵉ.
Bidons de 2 litres	50	1/20ᵉ.

Pertes. — Dégradations. — Avaries. — Les pertes, mises hors de service, dégradations ou avaries généralement quelconques de matériel provenant d'une circonstance de service ou imputables à la force majeure, sont l'objet, le jour même, d'un rapport circonstancié qui est remis, dans les vingt-quatre heures, au sous-intendant militaire chargé de rapporter les procès-verbaux d'usage.

Documents à fournir et à emporter.

Les pièces, registres et documents divers à emporter en colonne sont les suivants :
Situation d'effectif permettant d'établir la *situation sommaire* nº 2 tous les cinq jours :

Registres d'ordre ;
Registres de correspondance ;
Journal de marche (par corps) ;
Carnet de campagne (intendance) ;
Rapport du Service de santé ;
Rapport du Service topographique.

Situation des *vivres, munitions, moyens de transport, outils du génie, ambulance,* etc.

Nota. — Une fois la colonne formée, faire connaître, par la voie de l'ordre :

La composition ;
Les noms des chefs de service;
Le but à atteindre.

Tableau de service journalier.

Réveil à l'heure fixée.

Il n'est généralement fait aucune sonnerie, si ce n'est un coup de langue donné par le clairon de la garde de police une demi-heure avant le réveil, pour faire *préparer le café par les cuisiniers.*

Boute-charge, vingt minutes après.

Le départ a lieu généralement une heure après le réveil. Il es bon de faire exécuter alors la sonnerie « En avant! », afin que tous les groupes se mettent en mouvement en même temps ou à peu près. Le rapport de chaque jour fixe ces heures, ainsi que celle de la première halte horaire et celle de la grand'halte, s'il doit y en avoir une.

Défense expresse de toucher aux chameaux avant le réveil; pas de bruit pendant la nuit ni au moment du réveil. Le camp doit être levé en silence.

A la sonnerie « en avant! », le convoi se forme et se met en marche; les vaguemestres des corps y veillent, ainsi que la portion de la garde de police qui doit rester au convoi. Les grand' gardes rejoignent leur compagnie et partent avec elle.

L'ordre est donné quelque temps après l'arrivée au camp.

La visite de santé a lieu vers 4 heures. Les malades qui ne peuvent marcher sont munis d'une autorisation pour monter sur les chameaux ou cacolets, le lendemain. Les vaguemestres ou faisant fonctions les amènent au convoi au moment du chargement et veillent sur eux. Ces malades ne doivent jamais être abandonnés à eux-mêmes. Ils sont de préférence transportés par l'ambulance, quand il y a lieu.

La soupe est mangée chaque soir. En marche on ne fait qu'une soupe, après l'arrivée à l'étape; les jours de séjour, on en fait deux. Il est fait autant que possible *trois* cafés (un avant le départ, un à la grand'halte ou aussitôt l'arrivée ; le troisième, le soir après la soupe).

Distributions à . . . . .

Appel du soir à 8 heures, 8 h. 1/2 au plus tard.

Extinction des feux à 9 heures.

Bien que le règlement proscrive les sonneries, j'estime que dans le cas particulier des colonnes du sud, il y a lieu, tant pour la régularité du service que pour indiquer l'heure, de faire les sonneries suivantes :

a) Coup de langue 1/2 heure avant le réveil ;

b) « En avant » au moment du départ ;

c) « A l'ordre » un peu après l'arrivée ;

d) Enfin on pique midi de temps à autre.

OBSERVATIONS.

La chasse est toujours interdite dans les colonnes en marche et au bivouac.

Les chiens ne doivent pas être admis : ils sont dangereux la nuit et peuvent créer des ennuis.

Les chants bruyants, les cris stridents, les appels à haute voix pendant la nuit, etc... sont interdits aux hommes de troupe.

Les feux doivent être éteints complètement le soir pour la nuit, et le matin avant le départ.

Aucune sonnerie ne doit être faite en dehors de celles prescrites, à moins d'ordre spécial du chef de la colonne.

Outre les appels ordinaires, un appel en armes et en tenue est toujours prescrit lors des séjours ; on visite les munitions, les armes et les effets.

Les corvées doivent toujours être conduites par un gradé, en ordre et en silence.

Les tentes sont alignées et les faces aussi droites et régulières que le terrain le permet.

Les bagages sont réduits au strict nécessaire, et les chameaux des officiers ne doivent pas être surchargés.

Il ne doit entrer dans le convoi aucun autre homme ou animal que ceux prévus ; les éléments étrangers, pour lesquels il n'a pas été prévu des vivres, vivant toujours aux dépens des rationnaires réguliers.

Un factionnaire est toujours placé près des puits, sources et redirs, avec une consigne très précise. Le convoi d'eau est particulièrement surveillé et gardé.

Enfin, si les marchands sont admis, il y a lieu de déterminer exactement l'emplacement qui leur est réservé, de déguster les produits et liquides mis en vente, d'en fixer le tarif et d'exercer une surveillance constante sur leurs agissements.

Paris. — Imprimerie R. CHAPELOT et Cᵉ, rue Christine, 2.

ITINÉRAIRE
D'EL GOLEA A AKABLI
Colonne du Tidikelt

9 782013 714648